AI 시대의 글쓰기

AI문고

인공지능 시대입니다. 기계가 인간의 인지를 대신하고, 사물이 인간을 통하지 않고 다른 사물과 직접 커뮤니케이션합니다. 이에 따른 인간 삶과 문명 변화를 정확히 이해·예측·대응하는 것은 이 시대 우리 모두의 과제입니다. AI문고는 인공지능 기술과 환경의 여러 주제를 10가지 키워드로 정리합니다. 관련 개념과 이론, 학계와 산업계의 쟁점, 우리 일상의 변화를 다룹니다. 인간과 기술의 현재, 미래를 세심히 분석합니다.

일러두기

- 인명, 작품명, 저서명, 개념어 등은 한글과 함께 괄호 안에 해당 국가의 원어를 병기했습니다.
- 외래어 표기는 현행 어문규정의 외래어표기법을 따랐습니다.
- 이 책의 일부 내용은 아래 문헌의 일부분을 발췌·보완한 것입니다:
  - 장성민(2023). 챗GPT가 바꾸어 놓은 작문교육의 미래: 인공지능 시대, 작문교육의 대응을 중심으로. ≪작문연구≫, 56, 7~34.
  - 장성민(2023). 생성 인공지능 기술은 인간의 쓰기 능력을 대신할 수 있는가?: 포스트 챗GPT 시대의 작문 평가 담론을 위한 예비적 논의. ≪국어교육≫, 181, 119~160.
  - 장성민(2023). 포스트 챗GPT 시대에 평생 필자 기르기. ≪리터러시연구≫, 14(5), 295~322.
  - 장성민(2024), 생성 인공지능 시대, 다문서 문식성 교육의 도전과 기회: 문식 환경 변화에 따른 쟁점과 교육적 대응 방안 탐색, ≪독서연구≫, 71, 43~82.
- 인하대학교의 지원을 받아 집필하였습니다.

처음이세요?

전문가세요?

AI 시대의 글쓰기

장성민

대한민국, 서울, 커뮤니케이션북스, 2024

AI 시대의 글쓰기

지은이 장성민
펴낸이 박영률

초판 1쇄 펴낸날 2024년 10월 15일

커뮤니케이션북스(주)
출판 등록 2007년 8월 17일 제313-2007-000166호
02880 서울시 성북구 성북로 5-11
전화(02) 7474 001, 팩스(02) 736 5047
commbooks@commbooks.com
www.commbooks.com

ISBN 979-11-288-9327-8 03500

책값은 뒤표지에 표시되어 있습니다.

차례

AI 시대, 글쓰기의 재발견

백종원 레시피가 세상에서 제일 맛있다거나, 가장 고급스러운 요리 방법인 것은 아니다. 그러나 백종원 음식은 일반적인 대중의 입맛을 보편적으로 맞추어 준다. 백종원 레시피를 활용하면 실패할 확률이 적어진다는 점만큼은 어느 정도 수긍할 수 있는 사실이다(장성민, 2023: 73).

백종원의 음식에 대해 대중들은 "전문가들이 말하는 음식의 수준이나 요리 방법? 이런 거 잘 모르겠고, 일단 맛있으니까 좋다!"라고 말합니다. 인공지능이 작성한 글에 대한 학생 평가의 양상도 "왜 잘 썼는지 설명하라고 하면 잘 모르겠지만, 뭔가 잘 쓴 거 같아요!"와 같은 양상일 것으로 예상됩니다.

언뜻 보면 대중 평가는 기준이 없이 이루어지는 것 같지만, 수많은 음식을 먹어 본 경험, 맛있는 음식과 그렇지 않은 음식을 직접 비교해 본 실증적 데이터에 기반하여 형성된 안목에 근간을 두고 있습니다. 그렇기에 대중 입맛은 보편적 타당성을 획득할 수 있습니다. 이를 글쓰기 상황에 적용해 보면, 인공지능이 작성한 글에 대한 학생 평가가 타당성을 획득하기 위해서는 대중 입맛처럼 충분한 데이터와 경험을 바탕으로 한 '좋은 글에 대한 안목(또는 감식안)'의 형성이 전제되어야 할 것입니다. (중략) 인공지능이 도입되는 장면에서는 좋은 글에 대한 안목(일종의 보편감각)의 형성과 그 이해(나아가서는 활용)가 중요하게 다루어져야 할 것으로 보입니다(편지윤, 2023: 88～89).

AI 시대의 도래

인공지능이 다양한 분야에서 이슈로 부상하고 있다. 글쓰기 분야에서 인공지능에 대한 관심은 이독성 측정 및 에세이 자동 채점 등의 분야에서 이전부터 이루어졌지만, 최근에는 외부에서 제공된 텍스트를 '이해(분류, discrimination)'하는 것이 아니라 '표현(생성, generation)'하는 차원에서 인공지능의 영향력이 발휘되고 있다. 이러한 변화는 '챗지피티(ChatGPT)'와 같은 생성 인공지능의 등장으로 촉발되었다. 이 연구에서 대상으로 삼는 'AI 시대'는 생성 인공지능 출현 이후를 가리키는 것으로 보아도 무방하다(혹자는 이를 '포스트 챗지피티 시대'라고 지칭하기도 한다).

생성 인공지능에 대한 대중의 기대는 마치 과학 소설에서나 볼 법한 장면들이 현실로 다가오는 것처럼 놀라운 수준이다. 생성 인공지능은 방대한 데이터에 대한 사전 훈련을 바탕으로, 복잡한 문제 해결부터 정교한 코딩 작업까지 수행할 수 있다. 가까운 미래에 인공지능이 의사, 변호사, 프로그래머 등 전문 직종에서 인간의 역할을 대체할 수 있을 것이라는 대담한 전망도 펼쳐지고 있다.

생성 인공지능의 파급력은 초 · 중 · 고 · 대학의 글쓰기 과제 및 각종 공모전에도 큰 영향을 미치고 있다. 생성 인공지능의 사용은 저작권 위반, 표절, 부정행위 등의 여러 문제를 낳았으며, 교육계 전반에 걸쳐 논란의 중심이 되기도 했다. 정부나 교육기관(학교, 교육청)이 개입해 교수 · 학습과 평가의 맥락에서 학생들의 생성 인공지능 사용을 금지해야 한다는 극단적인 견해가 등장하기도 했다.

그러나 현실의 기술 발달을 무시한 채 그 사용을 금지하거나 전통적인 교육 방식만을 고수하는 것은 바람직하지 않다. 오히려 생성 인공지능의 장단점을 적극적으로 분석해, 이를 상황과 목적에 맞게 책임감 있고 윤리적으로 사용하는 방법을 가르치는 것이 교육적으로 더 타당하다. 커뮤니케이션 환경의 변화를 고려하지 않은 채 실제와 괴리된 가상의 글쓰기를 가르치는 것은 '바보 같은(mutt)' 일이기 때문이다(Wardle, 2009).

이 책은 AI 시대에 글쓰기의 본질이 어떻게 달라지며, 이러한 변화가 글쓰기의 교육과 평가에 어떤 영향을 미칠지에 대해 탐구하고자 한다. 또한 이 과정에서 발생할 수 있는 문제들과 그 해결책을 모색한다.

간과하지 말아야 할 한 가지는, 생성 인공지능에 의한 글쓰기 산출물이 입력 값에서 출력 값으로 이어지는 '엔드투엔드(end-to-end)' 방식으로 인간이 쓴 기존 데이터를 확률적으로 모방한 결과일 뿐이라는 것이다. 즉 인간과 유사한 결과물을 산출해 내었다고 해도, 그것이 생성 인공지능이 지닌 글쓰기 주체(agent)로서의 능력에 의한 것은 아니라는 점이다.

인간과 같은 능력을 지니지 않았지만 인간과 유사한 글을 산출해 내다 보니, 글쓰기를 통해 인간의 능력을 판단해 오던 여러 분야에서 혼란은 불가피해 보인다. 중요한 것은 능동적인 커뮤니케이션 주체로서 필자의 위치를 어떻게 자리매김해야 하며, 교육적 맥락에서 AI 시대에 글쓰기 능력을 길러 주기 위해 학습자에게 어떤 역할을 요구해야 할지 물음을 던지고 그 답을 모색하는 작업이라 할 수 있다. 인공지능을 교육적 취지에 맞지 않게 활용한다면 문제가 될 수 있으나, 이를 교육적으로 잘 활용한다면 그동안 높은 인지적, 심리적 부담으로 인해 글쓰기에 참여하지 않으려 하던 학생들에게도 유용한 비계(scaffolding)가 되어 줄 수 있을 것이다. 학습자들 앞에 놓인 AI 시대 커뮤니케이션 환경의 변화를 일별하고, 이들이 높은 행위 주도성(agency)을 지니며 글쓰기에 적극적으로 참여할 수 있도록 돕는 것이 우리가 풀어야 할 과제라 할 수 있다.

글쓰기 도구로서 생성 인공지능의 특성

글쓰기 도구로서 생성 인공지능은 다음과 같은 몇 가지 특성을 지닌다. 첫째, 생성 인공지능은 에세이 작성에 특화되어 있으며, 특히 '서-본-결'의 문단 구성에 대한 인식이 두드러진다. '조직(organization)'은 모어 사용자를 대상으로 한 글쓰기 평가 상황에서 점수의 설명력이 일반적으로 높은 지표다(장성민 외, 2022). 이를 고려할 때, 생성 인공지능의 글쓰기 방식은 완벽하지는 않지만 인간 필자가 참고할 수 있는 전형적인 예시 글의 구성을 보여 줄 수 있다.

특히 사용자가 던진 프롬프트가 구체적일수록 과제의 요구와 목적에 부합한 정보가 구체적으로 산출되고 있다는 점도 확인이 가능하다. 이는 생성 인공지능이 대화형 기술이라는 점에 기인한다. AI 시대 이전의 전통적인 커뮤니케이션 환경에서는 글쓰기를 위한 내용 생성이 필자의 머릿속 인지 처리 과정을 통해 진행되거나(단독형 글쓰기), 다양한 출처의 외부 자료를 찾아 보면서 '읽기'가 '쓰기'에 영향을 미치는 방식으로 이루어졌다(자료 통합형 글쓰기). 반면 AI 시대의 글쓰기에서는 사용자가 어떤 프롬프트를 투입하느냐에 따라 텍스트가 그에 맞게 생성될 수 있다.

둘째, 생성 인공지능은 정보를 과제의 목적과 의도에 맞게 배열하고 조직하여 새로운 지식을 생성할 수 있다. 이러한 '지식 변형(knowledge-transforming)'(Bereiter & Scardamalia, 1987), '지식 창출(knowledge-crafting)'(Kellogg, 2008)은 능숙한 필자의 글쓰기 과정에 해당한다. 이러한 과정은 과제와 관련된 내용 지식과 담화 지식이 충분한 경우에 한해서 일어난다. 이러한 지식이 불충분한 경우, 필자는 과제의 요구나 상황을 고려하지 못하고 '지식 나열(knowledge-telling)'의 미숙한 수행을 보인다.

그러나 방대한 양의 학습 데이터와 복잡한 알고리즘 기반의 자연어 처리를 바탕으로, 생성 인공지능은 인간 필자의 실제 상태와 무관하게 높은 수준의 내용 지식, 담화 지식을 반영하게 된다. 초 · 중 · 고 · 대학의 학습자가 생성 인공지능에 투입하는 프롬프트 가운데에는 학습자가 자발적으로 생성한 경우도 있지만, 교사나 평가자 등 외부에서 부과된 경우가 많기 때문에 이러한 간극은 더욱 커지게 된다. 수사적 상황에 맞게 지식을 변형해 새로운 관점을 정립하거나 창의적이고 참신한 아이디어를 생성하는가가 특히 최상위 수준의 필자를 변별하는 기준이 된다는 점(장성민 외, 2022)에서 생성 인공지능의 활용은 선발, 분류를 위한 글쓰기 평가에 큰 혼란을 초래할 수 있다. 특히 텍스트 한 편을 온전히 이해하고 이를 재진술하거나 요약하는 과제는 그 의미가 퇴색할 가능성이 크다.

셋째, 생성 인공지능이 만든 글은 사전 훈련된 기존 데이터를 확률적으로 재조합한 결과이기 때문에 잘못된 정보를 포함할 수 있다. 알고리즘을 활용해 자연어를 처리하는 과정에서 데이터의 불균형이나 확률적 예측 모델의 한계로 인해 실제로 존재하지 않는 잘못된 정보를 생성하는 현상을 '할루시네이션(hallucination)'이라 한다. 이때 데이터 불균형이란, 거짓 정보를 포함한 콘텐츠를 학습 데이터로 잘못 받아들여 실제에 맞지 않는 데이터를 출력하는 경우를 의미한다. 확률적 예측 모델의 한계란, 프롬프트로 주어진 문구(예: '콩쥐 팥쥐')가 기계에 잘못 인식(예: '콩', '팥', '쥐')되어 의도하지 않은 새로운 패턴의 조합이 나타나는 경우(예: 콩이나 팥이 쥐로 변하는 이야기)를 의미한다.

생성 인공지능을 활용한 글쓰기 상황에서 할루시네이션 현상에 대처하기 위해 사용자는 프롬프트를 생성하는 '사전 계획자(pre-planner)'로서뿐 아니라 인공지능이 생성한 글에 대한 '초고 후 수정자(post-draft revisor)'로서의 역할에도 충분한 주의를 기울여야 한다. 출처 확인(sourcing)과 교차 검토(corroboration)를 통해 정확성, 신뢰성을 평가하거나, 프롬프트 입력 단계에서부터 구체적인 맥락을 설정해 출력 값의 다양성을 제어할 수 있어야 한다(장성민, 2024).

AI 시대의 글쓰기와 필자의 변혁적 역량

인간 필자가 AI 시대에 변화된 글쓰기를 배우고 실천하는 것의 효용은 최근 강조되고 있는 변혁적 역량(transformative competencies)과의 관계를 통해 설명할 수 있다. 변혁적 역량이란 OECD Education 2030 프로젝트에서 미래 사회의 학습자가 주도성을 가지고 삶을 살아가기 위해 갖추어야 할 능력으로 제안하는 세 가지 역량, 즉 '새로운 가치 창출하기, 긴장과 딜레마 조정하기, 책임감 갖기'를 의미한다.

변혁적 역량으로 명명되는 이 세 가지 역량은 AI 시대의 글쓰기와 밀접한 관련을 맺는다. 첫째, '새로운 가치 창출하기(creating new values)'는 "새로운 일자리, 사업, 서비스를 창출하고 새로운 지식, 통찰력, 아이디어, 기술, 전략, 해결책 등을 개발하는 것과 같이 더 나은 삶을 이루기 위해 혁신하고 이를 기존의 또는 새로운 문제에 적용하는 것"(OECD, 2019; 장성민, 2022: 39)을 의미한다. AI 시대의 필자는 인공지능을 활용함으로써 전통적인 커뮤니케이션 환경에서 쉽게 해 보기 어려웠던 다양한 시도와 모험을 도전하고, 이를 통해 자신의 의도와 목표를 달성해 볼 수 있다.

둘째, '긴장과 딜레마 조정하기(reconciling tensions and dilemmas)'는 "서로 모순되거나 양립하기 어려운 아이디어, 논리, 입장 등의 관계를 고려하고 단기적, 장기적 관점에서 행동의 결과를 고려하는 것"(OECD, 2019; 장성민, 2022: 39)을 의미한다. AI 시대의 필자는 인공지능으로부터 원하는 답(텍스트)을 도출하기 위해 프롬프트를 생성하고 협상하는 일련의 과정을 통해서 문자언어 커뮤니케이션 상황에서 예상 독자, 담화 공동체와 소통하는 방법을 익힐 수 있다.

마지막으로 '책임감 갖기(taking responsibilities)'는 "자신의 경험과 교육에 비추어, 그리고 개인적, 윤리적, 사회적 목표를 고려해 스스로를 성찰하고 평가하는 것"(OECD, 2019; 장성민, 2022: 40)을 의미한다. AI 시대의 필자는 인공지능이 생성한 텍스트로부터 최종 글을 만들어 내는 과정에서 기존 내용, 관점, 형식 등과 구별되는 자신만의 독창성(originality)을 찾고, 자동 생성된 텍스트에 포함된 잠재적 편견, 차별, 사생활 침해 등에 대해 윤리적으로 검토해 볼 수 있다.

AI 시대, 리터러시 공동체의 역할

글쓰기 교육 현장과 공동체 구성원에게 무엇보다 중요한 것은 '글쓰기'와 '필자'에 대한 유연한 관점을 갖는 것이다. AI 시대에 글쓰기 교육이 학습자에게 의미 있게 받아들여지기 위해서는 기존 담론 가운데 지속적으로 강조될 부분과 커뮤니케이션 환경의 변화에 따라 새롭게 도입되거나 혁신이 필요한 부분을 찾아 바람직한 방향을 설정하는 작업이 중요하다.

이러한 작업에는 리터러시 공동체의 역할이 중요하다. 리터러시 공동체는 "개인이나 집단이 특정한 리터러시 실천을 배우고, 협력하며, 공유하는 공동체"(Clary et al., 2012 재구성)를 가리킨다. '공동체'라는 용어는 일종의 지향을 포함하는 규범적 속성의 개념이다. 라틴어 어원인 communis에는 '공동의, 공유된'이라는 의미가 포함되며, 표준국어대사전에서도 공동체를 "생활이나 행동 또는 목적을 같이하는 집단"과 같이 풀이하고 있다. '리터러시 공동체'라는 용어는, 리터러시 실천을 통한 의미 구성 과정 및 결과가 맥락에 따라 달라지며, 이에 따라 리터러시를 복수형(literacies)으로 인식해야 한다고 보는 이념적(ideological) 접근에 토대를 둔다(Barton, 2007).

리터러시 공동체가 지녀야 할 규범적 속성으로는 상호텍스트적(intertextual), 대화적(dialogic), 인식론적(epistemological) 속성 등이 있다(조병영, 2020). 리터러시 공동체는 "구성원들이 서로의 관심사와 문제의식에 대하여 진지하게 토론하되, 동시에 각자가 개별적이고 독특한 방식으로 의미 구성/디자인 활동에 몰입할 수 있는"(조병영, 2020: 61~62) 환경이어야 한다는 것이다. 포용 교육의 관점에서 리터러시 공동체는 모든 사람이 성별, 나이, 지역, 인종 등에 따라 차별받지 않고 리터러시 실천에 공평하게 참여할 수 있도록 지원하는 것이 중요하다.

리터러시 복지, 기초학력안전망 확보, 거버넌스 구축 등을 통해 리터러시 실천에 대한 체계적인 공적 지원을 하는 것도 리터러시 공동체가 갖추어야 할 요건으로 꼽힌다. 리터러시 공동체라는 개념에는 글쓰기 교육에서 그동안 통용되던 '담화 공동체, 언어 공동체, 해석 공동체' 외에 가정, 교실, 학교, 지역사회, 국가(정부), 세계 등과 같이 제도적, 정책적 실체를 포함하는 사회 구조적 차원의 의미도 포함된다. 리터러시 후원자의 역할을 강화하고, 보편적 복지와 선별적 복지를 병행해 사각지대에 놓인 학습자의 리터러시 격차를 줄이는 것이 리터러시 공동체가 지닌 본연의 책무라 할 수 있다.

다언어, 다인종, 다문화 사회로의 이동이 빠르게 이루어지는 오늘날에는 인종이나 언어적, 문화적 배경도 사회 · 경제 · 문화적 지위의 큰 부분을 차지한다. 이주 노동자, 결혼 이주민, 탈북민 가정 학습자는 지배적 리터러시(dominant literacy)를 사용하는 일반 학습자에 비해 디지털 접근성이 떨어지며, 학교 밖 지원 또한 현저히 부족하다. 일상어 리터러시(주변적 리터러시, vernacular literacy)의 사용 비중이 높은 이들 집단은, 새로운 기회와 제약을 발생시키는 새로운 격차 배경 요인이 나타나거나 '코로나19 팬데믹'과 같은 비상 사태가 발생할 경우에, 그로 인한 리터러시 저하를 견디거나 회복 탄력성을 바탕으로 이에 능동적으로 대처하는 것이 더 어려울 가능성이 높다(Kuhfeld et al., 2020).

AI 시대에는 이러한 복잡하고 다양한 사회적 도전 속에서 리터러시 공동체의 역할이 더욱 중요해질 것이다. 공동체는 다양한 배경을 가진 구성원들이 서로 연대하고, 상호 작용하며, 그들의 리터러시 실천을 통해 각자의 문화적, 사회적 정체성을 표현하고 발전시키는 장이 되어야 한다. 이를 통해 모든 구성원이 불평등을 극복하고, 디지털 격차를 좁히며, 경제적, 사회적, 문화적 기회를 확대할 수 있는 기반을 조성하는 것이 필요하다.

참고문헌

장성민(2022). 미디어 교육과 변혁적 역량: 디지털 쓰기에 대한 고등학교 졸업 예정자 인식의 주제어 네트워크 분석. ≪국어교육≫, 177, 31~73.

장성민(2023). 생성 인공지능 시대에 다문서 문식성 교육의 도전과 기회. ≪2023 국어교육학회, 한국국어교육학회, 서울대학교 국어교육연구소 연합학술대회 자료집≫. 73~87.

장성민(2024). 생성 인공지능 시대, 다문서 문식성 교육의 도전과 기회: 문식 환경 변화에 따른 쟁점과 교육적 대응 방안 탐색. ≪독서연구≫, 71, 1~41.

장성민 · 이성준 · 오예림 · 민병곤(2022). 서울대학교 신입생 글쓰기 평가 결과 분석: 글의 수준에 따른 평가 준거별 특성 비교.

≪작문연구≫, 55, 29~63.
조병영(2020). 뉴리터러시와 전환적 의미 디자인: 융복합 문식 환경 속 국어교육의 실천 방향 탐색. ≪국어교육≫, 171, 31~70.
편지윤(2023). '생성 인공지능 시대에 다문서 문식성 교육의 도전과 기회'에 대한 토론문. ≪2023 국어교육학회, 한국국어교육학회, 서울대학교 국어교육연구소 연합학술대회 자료집≫, 88~89.
Barton, D.(2007). *Literacy: An introduction to the ecology of written language*(Second ed.). Blackwell.
Bereiter, C. & Scardimalia, M.(1987). *The psychology of written composition*. Erlbaum.
Clary, D. M., Styslinger, M. E., & Oglan, V. A.(2012). Literacy learning communities in partnership. *School – University Partnerships, 5*, 28~39.
Kellogg, R. T.(2008). Training writing skills: A cognitive developmental perspective. *Journal of Writing Research, 1*(1), 1~26.
Kuhfeld, M., Soland, J., Tarasawa, B., Johnson, A., Ruzek, E., & Liu, J.(2020). Projecting the potential impact of COVID-19 school closures on academic achievement. *Educational Researcher, 49*(8), 549~565.
OECD(2019). *Knowledge for 2030*.
Wardle, E.(2009). "Mutt genres" and the goal of FYC: Can we help students write the genres of the university?. *College Composition and Communication, 60*(4), 765~789.

01
글쓰기 환경의 변화

이 장에서는 인공지능 도입으로 인한 글쓰기 환경의 변화를 개관한다. 인공지능은 기계가 인간과 유사한 지능을 가지고 다양한 문제를 해결할 수 있게 하는 기술이다. 특히 생성 인공지능은 효과적인 글쓰기 도구 중 하나로 부상하고 있다. AI 시대로의 진입은 글쓰기 능력 향상을 위한 교육적 맥락에 새로운 가능성을 제시하지만, 동시에 몇 가지 난점도 지니고 있어 주의가 필요하다.

AI와 1인 창업?

인공지능의 원리

인공지능(Artificial Intelligence, AI)은 "기계(컴퓨터)가 인간과 같은 지능을 가지고 인간처럼 여러 가지 문제를 이해하고 해결할 수 있는 능력"(김주혜 외, 2022)을 말한다. 글쓰기 분야에서는 인공지능을 활용해 텍스트의 이독성(readability)을 측정하고 에세이를 자동으로 채점하는 등의 작업이 이루어져 왔다.

인공지능의 도입이 글쓰기 환경을 어떻게 변화시켰는지를 이해하기 위해 알아야 할 주요 개념으로는 '머신러닝', '지도학습', '비지도학습', '강화학습', '딥러닝' 등이 있다. 머신러닝(기계학습, machine learning)은 기계(컴퓨터)가 데이터로부터 패턴을 학습하고 예측하는 기술을 가리킨다. 지도학습, 비지도학습, 강화학습, 딥러닝 등은 머신러닝의 다양한 방법을 설명하는 용어들이다.

지도학습(supervised learning)은 주석(label)이 포함된 데이터를 사용해 기계가 입력과 출력 사이의 관계(즉 문제와 정답)를 학습하고, 이를 바탕으로 새로운 입력에 대해 예측을 수행하는 방법이다. 반면 비지도학습(unsupervised learning)은 주석을 포함하지 않은 데이터를 사용해 기계 스스로 입력 데이터의 구조를 파악해 학습하고, 새로운 입력에 대한 예측을 수행하도록 하는 방법이다. 강화학습(reinforcement learning)은 주체(agent)가 선택한 행동에 대한 보상(reward)을 통해 기계가 최적의 행동을 학습하도록 하는 방법이다. 딥러닝(심층학습, deep learning)은 인간의 뉴런을 모방한 인공신경망을 이용해 은닉층(hidden layer)을 포함한 데이터의 복잡한 다층 구조를 학습하도록 하는 방법이다.

인간의 언어는 비정형 데이터로, 기계가 분석할 수 있는 정형 데이터로 변환하기 위한 자연어 처리 과정이 필수적이다. 자연어 처리(Natural Language Processing, NLP)는 기계(컴퓨터)를 이용해 인간의 자연어를 분석하고 처리하는 기술을 의미한다. 자연어(또는 자연 언어)는 인간이 일상에서 사용하는 언어로, 기계가 만드는 '인공 언어(artificial language)'와 구별된다. 자연어 처리 연구는 컴퓨터가 인간의 자연어를 이해하고 모방해 인간과 커뮤니케이션이 가능하게 하는 것을 목표로 한다.

생성 인공지능의 출현과 글쓰기 도구의 변화

생성 인공지능(Generative Artificial Intelligence, GAI)은 기존 콘텐츠를 학습해 그와 유사한 패턴의 다른 콘텐츠를 새롭게 생성하는 기술이다. 오픈 AI의 '챗지피티(ChatGPT)', 마이크로소프트의 '빙(Bing)', 구글의 '제미

나이(Gemini)' 등이 대표적이다. 이 기술은 인공지능을 단순히 '이해(분류, discrimination)'가 아닌 '표현(생성, generation)'의 차원으로 활용한다는 점에서 이전의 인공지능과 분류된다. 최근에는 언어뿐 아니라 시각, 청각 등 다양한 형태의 복합양식 텍스트를 생성하는 것도 대중화되고 있다.

생성 인공지능은 사용자가 단어나 문장을 프롬프트로 입력하면, 이전에 학습한 거대 언어 모델(Large Language Model, LLM)의 자연어 신경망 속 인접 노드들을 연결해 텍스트를 생성한다. 이렇게 생성된 글은 최고 수준은 아닐 수 있지만, 일반적으로 인정받는 좋은 글의 요건을 충족하는 완성된 형태를 제공한다. 이러한 기술은 사용자가 쉽게 텍스트를 생성할 수 있도록 지원함으로써 효율적인 글쓰기 도구로서의 가능성을 보여 준다.

생성 인공지능의 도입으로 인해 자연어 처리의 연구 분야는 새로운 국면으로 접어들고 있다. 이전의 자연어 처리 연구는 주로 텍스트 기반의 행동주의 읽기 패러다임과 형식주의 쓰기 패러다임에 의존해 왔다. 이러한 방식에서는 어휘나 문장의 구성 요소를 분석하고, 이를 계량적으로 처리해 텍스트의 이독성 지수나 에세이 점수를 산출하는 데 활용했다. 하지만 생성 인공지능의 도입 이후로는 자연어 처리 기술이 필자의 의미 구성 과정과 문제 해결 과정에 대한 구체적인 진단 정보나 피드백을 제공할 수 있게 되었다. 이러한 변화는 생성 인공지능이 에세이 작성에 특화되어 있고, 대화형 기계(챗봇, chatbot)로서 접근성이 높다는 점에 기인한다.

반면 자연어 처리 기술은 이전에 학습한 데이터를 바탕으로 하기 때문에, 생성 인공지능을 글쓰기 도구로 활용할 때 기존 담화 관습을 재생산하고 고착시킬 수 있다는 우려도 있다. 예를 들어 생성 인공지능을 활용해 생성된 글이 주로 '서-본-결'의 체계를 따르는 것은, 영어권 학습 데이터에서 강조되는 텍스트의 명료성(clarity)에 대한 인식이 크게 반영된 결과로 볼 수 있다. 이는 비영어권의 담화 관습에 어떤 영향을 미칠지에 대한 추가적인 고민을 요구한다. 생성 인공지능이 편향된 정보를 제공하거나 지배적 이데올로기, 고정관념, 사회적 편견을 심화하지 않도록 주의할 필요가 있다.

인공지능의 교육적 활용

이처럼 기술 발전에 힘입어 생성 인공지능의 활용 범위가 지속적으로 확장되고 있다. 필자는 글을 쓰기 위해 포함해야 할 내용을 떠올리거나 초고를 고쳐 쓰는 과정에서 기술의 도움을 받을 수 있다. 교사는 학습자의 글에 대한 피드백을 제공하거나 개별 학습자의 특성을 고려한 맞춤형 교육 콘텐츠를 만드는 데 사용할 수 있다. 소설가나 시나리오 작가는 스토리라인이나 캐릭터를 개발하고 작품의 기본 틀을 마련하는 데 이 기술을 활용할 수도 있다.

인공지능의 교육적 활용에서 중요한 문제 중 하나는, 입력 값과 출력 값만 존재하는 '엔드투엔드(end-to-end)' 방식으로 작동하기 때문에 중간 과정에 대한 설명이 어렵다는 점이다(장성민, 2023). 예를 들어 딥러닝 또는 거대 언어 모델 기반의 에세이 자동 채점 시스템을 사용하면 학생들의 글에 대한 점수가 나오지만, 이것은 인간의 채점 결과를 모방한 것일 뿐이다. 이러한 결과가 어떤 과정을 거쳐 나왔는지 설명하거나, 교육적인 관점에서 해석하는 것은 쉽지 않은 경우가 많다.

글의 이독성 측정과 같은 이해, 분류의 맥락과 학습자의 글쓰기 능력 향상을 위한 교육적 맥락 사이에는 분명한 차이가 있다. 예를 들어 텍스트의 특징을 나타내는 여러 자질(feature)들—글자 수, 한자어/고유어 빈도 비율, 한자어/고유어 종수, 문자당 평균 어절 수 등—을 분석하는 것이 교육적 가치를 직접적으로 내포한다고 보기 어렵다. 이러한 자질들을 단순히 개선하는 것만으로는 실제 글쓰기 능력의 향상으로 이어지지 않기 때문이다. 텍스트를 이해하거나 분류할 때 중점을 두는 것은 언어적 산출물의 표현(어휘, 문장 층위)이다. 반면 글쓰기 과정에서는 언어적 산출물 이전의 단계, 즉 계획하기, 내용 생성하기, 내용 조직하기 등과 같은 의미 구성 과정과 문제 해결 과정(사고 층위)이 더욱 중요하다.

따라서 인공지능을 활용한 글쓰기 교육 설계에서는 단순히 점수 예측을 넘어서 입력 값에서 출력 값으로 이어지는 과정을 명확하게 설명하는 작업이 필수적이다. 이를 위해 인간 채점자가 평가한 데이터를 활용하는 지도학습 기반 알고리즘을 적용하거나, 배경 정보에 주석을 달아(라벨링, labelling) 판단 근거를 명료히 할 수 있다. 이러한 방법들은 인공지능의 설명 가능성과 해석 가능성을 높이기 위한 중요한 보완적 절차다.

참고문헌

김주혜 · 김영우 · 박광현 · 안현기 · 원용국 · 최정혜(2022). 『인공지능기술 활용 언어교육』. 교육과학사.

장성민(2023). 생성 인공지능 기술은 인간의 쓰기 능력을 대신할 수 있는가?: 포스트 챗GPT 시대의 작문 평가 담론을 위한 예비적 논의. ≪국어교육≫, 181, 119～160.

02
이전 글쓰기 양식과의 연결고리

이 장에서는 인공지능을 활용한 글쓰기와 기존 글쓰기 양식 간의 관계를 탐색한다. 인공지능을 활용한 글쓰기는 '디지털 쓰기'와 '읽기 기반 쓰기'의 특성을 가지고 있다. 이는 전통적인 글쓰기 수행에서의 자료 탐색 및 읽기, 종합 텍스트 쓰기 등의 과정을 대체할 수 있는 잠재력을 지니고 있지만, 그로 인해 필자의 주도성과 책임감이 감소할 우려도 존재한다.

AI와 MBTI?

분류 방식 1: 도구로 사용된 매체를 기준으로

인공지능을 활용한 글쓰기는 도구로 사용된 매체에 따라 이전의 글쓰기들과 대척점을 형성할 수 있다. 이 경우 지필 글쓰기(paper-and-pencil writing)가 인공지능을 활용한 글쓰기의 대척점이 된다. 지필 글쓰기는 일반적으로 '아날로그 글쓰기'로 지칭되어 왔다. 이와 달리 인공지능을 활용한 글쓰기는 '디지털 글쓰기'의 한 형태로 가정된다.

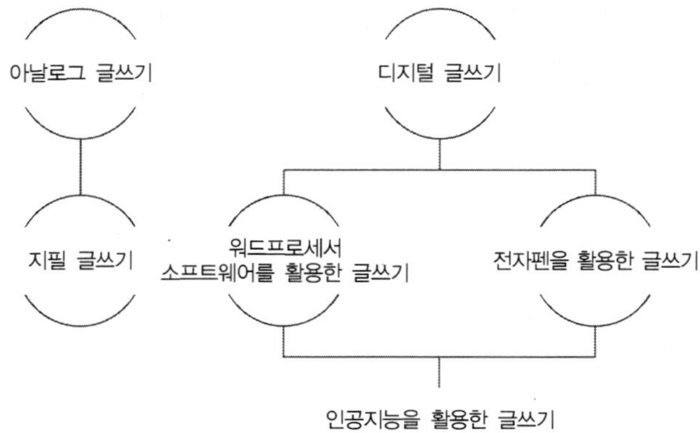

그림 2-1 도구로 사용된 매체를 기준으로 한 글쓰기 유형의 분류

디지털 글쓰기는 일반적으로 워드프로세서 소프트웨어를 활용한 글쓰기를 의미하지만, 최근에는 태블릿 PC

나 터치 인식이 가능한 스크린 사용이 늘어남에 따라 전자펜을 활용한 글쓰기도 포함한다. 이 두 유형의 디지털 글쓰기는 내용 수정이 용이하고, 디지털 환경에서 저장과 공유가 가능하며, 글씨 크기나 색깔 조정과 같은 편집이 간편하다는 공통점을 가지고 있다. 그러나 전자펜을 활용한 글쓰기에서 문서의 서식이나 레이아웃에 구애받지 않고 자유롭게 메모를 하거나 그림을 그릴 수 있는 반면, 워드프로세서를 활용한 글쓰기에서는 주로 키보드를 이용해 형식에 맞춰 텍스트 중심의 작업을 한다는 차이가 있다.

글쓰기에 활용되는 인공지능은 언어뿐 아니라 복합양식 텍스트를 생성하는 것도 가능하다. 이는 인공지능을 활용한 글쓰기가 단순한 문자 텍스트 생성을 넘어서는 다양한 형태의 콘텐츠 제작에 유용하게 쓰일 수 있음을 의미한다. 인공지능은 사용자가 입력한 프롬프트에 따라 그림, 차트, 삽화 등을 자동으로 생성하고 통합할 수 있어, 에세이, 보고서, 프레젠테이션 등 다양한 문서 작업에 맞춤형으로 활용될 수 있다. 글쓰기 도구로서 인공지능은 창의적이고 유연한 콘텐츠 생성을 가능하게 하며, 사용자에게 더욱 효과적인 정보 전달과 표현의 기회를 제공한다.

분류 방식 2: 글에 포함된 정보의 출처와 탐색 방법을 기준으로

인공지능을 활용한 글쓰기는 글에 포함된 정보의 출처와 탐색 방법에 따라서도 이전의 글쓰기와 대척점을 형성할 수 있다. 이 경우 필자가 머릿속 스키마를 기반으로 내용을 생성하는 '단독형(또는 단독 과제형) 글쓰기'나, 필자가 능동적으로 읽은 자료를 바탕으로 글의 내용을 생성하는 전통적 의미의 '읽기 기반 쓰기(쓰기를 위한 읽기, reading to write)'가 인공지능을 활용한 글쓰기의 대척점이 된다. 읽기 기반 쓰기는 활용되는 읽기 자료의 수에 따라 '단일문서 읽기 기반 쓰기'와 '다문서 읽기 기반 쓰기(자료 통합적 글쓰기, writing from sources)'로, 읽기 자료의 매체에 따라 '인쇄 텍스트 읽기 기반 쓰기'와 '디지털 텍스트 읽기 기반 쓰기'로, 읽기 자료의 탐색 방법에 따라 '외부로부터 주어진(given) 자료 기반의 쓰기'와 '스스로 검색(search)하거나 접근(access)한 자료 기반의 쓰기'로 더 나누어 볼 수 있다.

인공지능을 활용한 글쓰기는 개념적으로 읽기 기반 쓰기의 한 형태로 볼 수 있으나, 읽기 자료의 출처와 탐색 방법에서 전통적인 읽기 기반 쓰기와는 상당한 차이가 있다. 인공지능을 활용한 글쓰기와 가장 유사한 전통

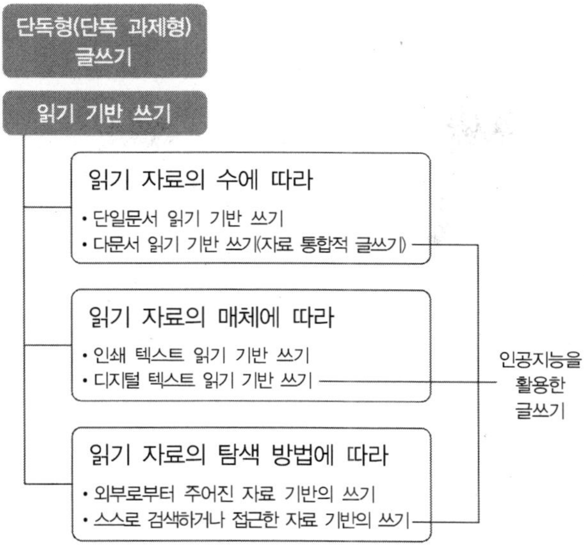

그림 2-2 글에 포함된 정보의 출처와 탐색 방법을 기준으로 한 글쓰기 유형의 분류

적 읽기 기반 쓰기는 읽기 자료의 수를 기준으로 '다문서 읽기 기반 쓰기(자료 통합적 글쓰기)'에, 읽기 자료의 매체를 기준으로 '디지털 텍스트 읽기 기반 쓰기'에, 읽기 자료의 탐색 방법을 기준으로 '스스로 검색하거나 접근한 자료 기반의 쓰기'에 가까운 양태를 보인다.

전통적인 읽기 기반 쓰기와 인공지능을 활용한 글쓰기는 모두 읽은 자료를 바탕으로 글의 내용을 생성한다는 공통점이 있다. 하지만 전통적인 읽기 기반 쓰기 상황에서 필자가 주제나 목적을 고려해 검색어를 만들고 검색된 내용을 바탕으로 글을 능동적으로 생성, 조직, 표현해야 하는 것과 달리, 인공지능을 활용한 글쓰기 상황에서는 단순한 프롬프트 입력(심지어 '꿈'이라는 한 글자 단어를 입력하는 것)만으로도 필자의 능력이나 의식과 무관하게 완성된 글을 산출할 수 있다. 인공지능을 활용한 글쓰기는 어휘 선택, 문장 표현, 어문 규범의 준수 등에서 높은 정확성을 보이지만, 이로 인해 필자의 주도성과 책임감이 저하될 수 있다는 우려가 있다.

연구자에 따라서는 이러한 차이점을 강조해 이 두 리터러시 환경을 '검색 2.0'과 '검색 3.0'으로 구분하여 명명하기도 한다(양지훈 · 윤상혁, 2023).

표 2-1 정보 검색의 진화 과정

구분	검색(Search) 1.0	검색(Search) 2.0	검색(Search) 3.0
시기	1990년대 이전 (인터넷 보급 이전)	1990년대부터 2010년대 (디지털 검색이 보편화되고 대중화되는 시기)	2020년대 이후 (ChatGPT 보급 이후)
정보 취득처	물리적 장소 (도서관이나 서점 등)	검색 엔진 서비스 (구글, 네이버 등)	생성 AI 서비스 (ChatGPT 등)

한계	정보를 찾기 위해 물리적으로 방문해야 하고, 책과 기사를 수동으로 선별해야 하므로 비용과 시간 많이 듦	유효 정보를 찾기 위해 키워드를 잘 개발해야 하고 검색 결과를 정렬하고 정리해야 함	사실 확인 필요, 시의적 내용이나 개인마다 의견이 다른 내용에 대해서는 답이 어려움
검색 범위	상대적으로 적은 정보 원본에 대해서만 검색이 가능	정보의 범위를 크게 확장하였지만 여전히 인간 검색자를 이용하는 검색 엔진과 연결된 정보로 한정됨	자연어 처리와 기계를 이용한 AI 지원 검색 학습 알고리즘을 통해 광범위한 검색, 사용자 피드백과 기타 데이터를 기반으로 검색 기준을 지속적으로 개선
필요 인프라	도서관, 서점 등 물리적 접근 필요	디지털 기기 및 인터넷에 대한 엑세스 필요	디지털 기기 및 인터넷 연결뿐 아니라 강력한 컴퓨팅 리소스 및 AI 플랫폼에 대한 엑세스 필요
검색자의 역할	유효 정보 자료를 선별하는 데 검색자의 노력과 전문성이 필요	검색 키워드를 주제에 맞게 체계적으로 구성, 검색 결과 중 유효한 정보만 정리	기계 학습 알고리즘을 통해 도출된 결과를 검색자가 해석하고 확인

출처: 양지훈·윤상혁(2023), "ChatGPT를 넘어 생성형(Generative) AI 시대로: 미디어·콘텐츠 생성형 AI 서비스 사례와 경쟁력 확보 방안", ≪Media Issue & Trend≫, 55, 63쪽.

AI 시대 글쓰기 교육의 과제

AI 시대의 도래는 읽기 기반 쓰기를 포함한 커뮤니케이션 활동에 상당한 변화를 가져올 것으로 예상된다. 읽기 기반 쓰기는 일반적으로 계획하기, 자료 탐색 및 읽기, 종합 텍스트 쓰기, 검토하기 등의 절차를 거치며(Britt & Rouet, 2012; Chang, 2023; List & Alexander, 2019), 이러한 과정 중 일부가 기계를 통해 자동화될 수 있다. 이는 기존 교육 담론에 큰 도전을 제기하며, 특히 읽거나 쓰지 않고도 결과물을 얻을 수 있는 상황은 교육적으로 부적절한 부정행위의 문제를 내포한다. 학습자가 부정행위에 빠지지 않고 읽고 쓰는 활동에 주도적으로 참여하도록 유도하는 것이 중요한 과제라 할 수 있다.

인공지능을 학습자의 연령과 발달 수준에 맞게 사용하는 것은 교육적으로 중요한 고려 사항 가운데 하나다. 특히 기초 문해력이 부족해 자율적으로 글을 쓰는 데 어려움이 있는 학습자에게는 인공지능의 사용을 권장하기 어렵다. 이는 사고의 훈련이 글쓰기 활동의 주요 목표 중 하나이기 때문이다. 실제로 '챗지피티'의 사용 약관에는 13세 이상의 사용자를 대상으로 하며, 청소년의 경우 부모나 보호자의 허가가 필요하다는 점이 제시되어 있다. 일부 국가에서는 공립학교에서 인공지능 서비스 접속을 차단하거나, 교육적 목적에 맞는 인공지능 플랫폼[예: 칸아카데미의 '칸미고(Kanmigo)']을 별도로 개발하는 추세이기도 하다.

참고문헌

양지훈 · 윤상혁(2023). ChatGPT를 넘어 생성형(Generative) AI 시대로: 미디어·콘텐츠 생성형 AI 서비스 사례와 경쟁력 확보 방안. ≪Media Issue & Trend≫, 55, 62~70.

Britt, M. A. & Rouet, J. F.(2012). Learning with multiple documents: Component skills and their acquisition. In J. R. Kirby & M. J. Lawson(Eds.), *Enhancing the quality of learning: Dispositions, instruction, and learning processes*(pp.276~314). Cambridge University Press.

Chang, S.(2023). Structural relations between processing variables and text quality while reading and writing from multiple documents. *Korean Language Education Research, 58*(5), 5~43.

List, A. & Alexander, P. A.(2019). Toward an integrated framework of multiple text use. *Educational Psychologist, 54*(1), 20~39.

03
글쓰기 과정의 변화

이 장에서는 인공지능이 글쓰기 과정에 미친 변화를 살펴본다. AI 시대의 글쓰기에서는 기계에 의한 텍스트 자동 생성 전후로 인간의 주도적 역할이 필요하다. 이러한 역할은 프롬프트를 구성하는 '사전 계획자'와 생성된 텍스트의 출처 확인, 교차 검토 등을 수행하는 '초고 후 수정자'로 구분할 수 있다.

AI와 난임 극복?

인공지능은 글쓰기 과정을 어떻게 바꾸었는가?

인공지능은 사용자가 프롬프트를 입력하면 그에 맞게 글을 써 준다. 인공지능은 글자 수 조건을 정확히 준수하는 것을 제외하고는 대부분의 양식에서 조건에 맞게 글을 작성하는 것으로 알려져 있다(장성민, 2023a). 인공지능이 대중화되기 전, 필자는 잘 알지 못하는 주제에 대해 글을 쓸 때 배경지식의 부족으로 아이디어를 떠올리는 데 어려움을 겪었으며, 맞춤법이나 문체 같은 문자언어의 형식적 제약을 지키는 데도 도전을 받곤 했다. 하지만 인공지능이 대중화되면서 이제는 단순히 프롬프트를 입력하거나 글의 맥락(목적, 유형, 예상 독자 등)을 조합해 과제를 생성하는 것만으로도 글을 쉽게 쓸 수 있다.

인공지능 도입으로 인한 인간의 글쓰기 과정 변화는 학습자가 필자로 성장하는 데서 마주했던 어려움을 해소하는 데 기여하고 있다. 전통적인 글쓰기 과정이 '쓰기 전(계획하기), 중(사고→텍스트), 후(고쳐쓰기)'로 구분되었다면(박수자, 2007), AI 시대의 글쓰기 과정은 '초고 생성 전(계획에 기반한 프롬프트 투입), 중(기계의 개입에 의한 텍스트 표현의 자동화), 후(고쳐쓰기)'로 구분될 수 있다(장성민, 2023c). 프롬프트 생성까지만 인간이

하면, 이후의 '사고→텍스트' 과정은 인공지능의 도움을 받아 자동화될 수 있다. 이러한 자동화는 글쓰기의 시작 단계에서 흔히 경험하는 심리적 장벽—전통적인 지필 환경에서 '빈 종이 증후군(blank page syndrome)', 디지털 글쓰기 환경에서 '깜빡이는 커서 증후군(blinking cursor syndrome)'—을 낮추는 데 기여하며, 학습자의 자기 효능감과 태도를 높이는 데 도움을 줄 수 있다.

그러나 우려할 만한 지점들도 있다. 자연어의 확률적 조합이 거짓 정보를 생성하는 '할루시네이션(hallucination)' 현상이 자주 나타나기 때문이다. 인공지능을 통해 완성된 글을 생성하는 것이 쉬워진 것처럼 보일 수 있지만, 생성된 내용이 사실에 기반하고 정확한지에 대해서는 충분한 검토와 평가가 필요하다. 또한 한쪽에 치우친 정보를 제공하거나 지배적 이데올로기, 고정관념, 사회적 편견 등을 강화할 수 있다는 점 역시 심각하게 고려해야 한다.

기초 문해력을 길러 주는 것 또한 기계와 대화를 시작하는 데 필요한 프롬프트 생성을 위해 교육적으로 점점 더 중요해지고 있다. '프롬프트 엔지니어'라는 직업이 유망한 직종으로 떠오를 만큼, 인공지능에 투입할 프롬프트를 효과적으로 만들어 내는 능력이 AI 시대의 필수적 역량으로 인식되고 있다. 기초 문해력이 부족한 학습자는 이러한 역량을 개발하는 데 큰 어려움을 겪을 수 있으며, 이는 필자로서 성장하는 데에도 큰 제약이 될 수 있다.

이처럼 AI 시대의 글쓰기에서 기계에 의한 자동화 과정 전후로 인간의 주도적 역할이 필요한 작업 경로를 '샌드위치 워크플로(sandwich workflow)'라고 부른다. 이 워크플로에서 각 단계별로 요구되는 필자의 역할은 다음과 같다.

표 3-1 샌드위치 워크플로

초고 생성 전	초고 생성 중	초고 생성 후
• 글의 주제와 아이디어 관련 프롬프트 생성 및 입력	• 프롬프트에 따른 인공지능의 생성 텍스트 제공	• 다른 자료를 활용하여 생성 텍스트 검증 • 자신의 관점과 표현 방법을 적용한 수정 • 추가 자료를 활용한 보완

출처: 주민재(2023), "생성형 인공지능의 출현과 글쓰기 교육 관계 고찰: ChatGPT 상용화가 글쓰기 능력에 대한 인식에 미치는 영향을 중심으로", ≪한국문예비평연구≫, 79, 265쪽 일부 수정.

사전 계획자

AI 시대의 필자에게는 '사전 계획자(pre-planner)'로서의 역할이 강조된다. 인공지능을 활용한 글쓰기에서 중요한 능력 중 하나는 프롬프트 구성이다. 이는 대화형 인공지능 서비스에서 기계에 의한 텍스트 생성이 인간이 입력한 프롬프트의 범위 내에서 이루어지기 때문이다. 아날로그에서 디지털로의 커뮤니케이션 환경 변화가 내용 생성의 방식을 온라인 정보 검색으로 대체했다면, AI 시대로의 커뮤니케이션 환경 변화는 이 역할이 프롬프트 생성으로 옮겨 가고 있는 것이다.

프롬프트(prompt)는 어떤 작업을 수행하도록 유도하는 지시나 질문을 의미한다. 인간 필자에게 제시되는 글쓰기 과제나 인공지능에 투입되는 질문, 지시문 등이 모두 프롬프트에 해당한다. 인공지능을 사용해 사용자(필자)의 의도에 맞는 출력 정보(글)를 얻으려면, 프롬프트에 구체적인 맥락과 작업 방향을 포함시키는 것이 중요하다. 프롬프트에 포함할 수 있는 정보의 유형에는 주제(예: 생각, 느낌, 의견 등), 목적(예: 설명, 설득 등), 독자(예: 배경지식, 기존 입장, 필자와의 관계 등), 방법(예: 시간의 흐름, 비교·대조, 원인-결과, 문제-해결 등), 필자(예: 자신이 세종대왕이라면…) 등이 있다(양경희, 2017; 장성민, 2023b 재인용).

사전 계획자로서 인공지능에 투입할 프롬프트를 구성하는 작업의 중요성은 지속적으로 높게 유지될 것으로 보인다. 클레인 외(Klein et al., 2017)에 따르면, 더 많은 정보를 포함하는 것은 내용 프롬프트(content prompt)를 활용할 때이지만, 논증의 세부 요소를 포함해 보다 세련되고 높은 설득력을 보인 것은 수사적 프롬프트(rhetorical prompt)를 활용할 때였다. 기계에 의한 텍스트 자동 생성이 가능한 AI 시대에 필자의 배경지식과 같은 제약이 줄어들 것이라는 점은 분명한 사실이다. 심지어 '꿈'과 같은 소재 하나로도 글을 생성할 수 있다. 그러나 프롬프트에 포함되는 맥락적 요소(예: 목적, 예상 독자, 장르, 반론 포함 여부 등)에 따라 인공지능이 생성하는 텍스트의 질적 수준에는 큰 차이가 나타날 것이다.

수사적 프롬프트의 가치는 다문서 읽기 기반 쓰기(자료 통합적 글쓰기)에서도 높게 유지된다. 다양한 다문서 문식성 모형과 프레임워크는 텍스트 생성을 위한 프롬프트의 구성에 의미 있는 기여를 할 수 있다. 퍼페티 외(Perfetti et al., 1999), 브릿과 루엣(Britt & Rouet, 2012), 루엣 외(Rouet et al., 2017) 등이 개발한 과제 모형(task model)과 다문서 모형(documents model), 상호텍스트 모형(intertext model)과 상황 모형(situation model), 정신(심리) 모형(mental model), RESOLV(REading as problem SOLVing) 모형 등은 다문서 환경에서 글쓰기를 수행할 때 인간 필자에게 요구되는 정신적 표상들을 포함한다. 사전 계획 작업에서 이러한 요소들을 고려함으로써 양질의 프롬프트를 구성할 수 있을 것이다.

표 3-2 다문서 문식성 모형, 프레임워크에 따른 프롬프트 구성 예시

<table>
<tr><th colspan="2">다문서 문식성 모형, 프레임워크</th><th>프롬프트 구성 예시</th></tr>
<tr><td colspan="2">과제 모형, RESOLV 모형</td><td>(어떤) 독자를 대상으로 (어떠어떠한) 목적을 달성하기 위한 (어떤) 장르의 글을 작성해 주세요.</td></tr>
<tr><td rowspan="2">다문서 모형</td><td>상호텍스트 모형</td><td>A의 관점에서 B의 (어떠어떠한) 속성에 대해 지지/비판하는 글을 써 주세요.</td></tr>
<tr><td>상황 모형, 정신(심리) 모형</td><td>다음 자료들을 참고하여 (어떤) 사태에 대해 (어떠어떠한) 관점의 글을 써 주세요.</td></tr>
</table>

출처: 장성민(2024), "생성 인공지능 시대, 다문서 문식성 교육의 도전과 기회: 문식 환경 변화에 따른 쟁점과 교육적 대응 방안 탐색", ≪독서연구≫, 71, 65쪽.

초고 후 수정자

AI 시대 필자에게는 '초고 후 수정자(post-draft revisor)'로서의 역할도 중요하다. 그 역할의 중요성은 인지적 차원과 정의적 차원으로 나누어 살펴볼 수 있다.

인지적 차원에서 초고 후 수정자의 역할이 중요한 이유는, 기계에 의해 자동 생성된 텍스트가 과제의 목적,

장르, 조건 등을 충족하지 못하거나 사실과 다른 정보를 포함하는 할루시네이션 현상이 발생할 수 있기 때문이다. 이에 대응하기 위한 출처 확인(sourcing), 교차 검토(corroboration) 능력은, 복수의 자료를 종합적으로 읽고 응집적 표상을 구축해 화제에 대해 심층적 이해를 도모하는 다문서 문식성 분야에서 오래 전부터 중요하게 강조되어 온 능력이다.

출처 확인은 저자, 출판 시기, 유통 매체 등을 포함해 출처의 정확성, 신뢰성, 공정성 등을 검토하는 과정이다(Britt & Aglinskas, 2002). 인공지능을 활용해 생성한 텍스트 속 정보 가운데에는 자연어 처리 과정에서 정보를 잘못 조합하거나, 거짓 정보를 포함한 콘텐츠를 학습 데이터로 잘못 사용해 그 정보를 재생산하는 경우가 종종 있다(예: 가짜 뉴스). 따라서 필자는 출처 확인을 통해 자신의 글에 포함된 내용 가운데 실제와 다른 정보가 없는지, 그리고 그 정보가 보편적으로 수용 가능한지 등을 판단해야 한다.

교차 검토는 여러 출처의 정보를 비교, 대조해 잠재적 편견과 불일치를 발견하는 과정이다(List & Du, 2021). AI 시대에는 역설적으로 필자가 인공지능이 생성한 단일 출처의 텍스트에 과도하게 의존할 위험이 있으므로,

이러한 능력을 개발하는 것이 매우 중요하다. 필자는 교차 검토 능력을 갖춤으로써 화제에 대한 다양한 관점을 파악하고, 이를 바탕으로 균형 있고 응집력 있는 자신의 관점을 구축할 수 있다.

특히 알고리즘에 따라 인접어를 조합하는 인공지능의 자연어 처리 방식이 때때로 실제와 맞지 않는 거짓 정보를 생성한다는 점은 기술 도입 초기부터 잘 알려져 있다. 글쓰기를 수행할 때 참고하는 (디지털화된) 외부 자원의 범위를 제한함으로써 이러한 현상을 부분적으로 줄일 수 있지만, 이 방법도 완벽하지는 않다. 따라서 초고 후 수정자로서 인간의 주도적 역할은 높은 수준으로 유지되어야 한다.

그러나 글쓰기 교육의 맥락에서 초고 후 수정자의 역할이 더욱 중요하게 부각되는 것은 정의적 차원에서다. 글쓰기에서 좋은 글을 산출하는 것도 중요하지만, 필자가 기계에 의한 텍스트 자동 생성에 과도하게 의존할 경우 본래의 교육적 목표에서 벗어날 수 있기 때문에 이를 방지하는 것이 중요하다. 필자의 메타인지적, 동기 · 정서적, 사회 · 문화적 요인을 고양해 이들이 초고 후 수정자로서 역할을 충실히 수행하도록 하지 못하면, 필자는 사전 계획자로서 기계에만 의존해 교육적 의도에 맞지 않는 잘못된 수행을 보일 수 있다.

AI 시대에 요구되는 필자 역할의 이러한 확장은, 글쓰기 과정에서 '회귀성'의 중요성을 강조하는 기존 논의들과 연결된다. 회귀성은 모든 글쓰기에서 중요하지만, 기계에 의한 텍스트 자동 생성이 포함되는 AI 시대에는 그 중요성이 더욱 부각된다. 인공지능을 통해 완성된 글을 쉽게 생성할 수 있어 필자가 굳이 회귀적이지 않아도 될 개연성이 높아지는 것과 달리, 학습자의 성장을 도모해야 하는 교육적 국면에서는 글쓰기의 회귀성에 대한 관심과 주의를 더욱 강조할 필요가 있다.

참고문헌

박수자(2007). 생애필자를 육성하는 쓰기 학습자원의 개발. ≪국어교육학연구≫, 30, 261～290.

양경희(2017). 쓰기 과제 구성 요소의 상세화에 대한 연구. ≪작문연구≫, 34, 81～110.

장성민(2023a). 생성 인공지능 기술은 인간의 쓰기 능력을 대신할 수 있는가?: 포스트 챗GPT 시대의 작문 평가 담론을 위한 예비적 논의. ≪국어교육≫, 181, 119～160.

장성민(2023b). 챗GPT가 바꾸어 놓은 작문교육의 미래: 인공지능 시대, 작문교육의 대응을 중심으로. ≪작문연구≫, 56, 7～34.

장성민(2023c). 포스트 챗GPT 시대에 평생 필자 기르기. ≪리터러시연구≫, 14(5), 295～322.

장성민(2024). 생성 인공지능 시대, 다문서 문식성 교육의 도전과

기회: 문식 환경 변화에 따른 쟁점과 교육적 대응 방안 탐색. ≪독서연구≫, 71, 43~82.

주민재(2023). 생성형 인공지능의 출현과 글쓰기 교육 관계 고찰: ChatGPT 상용화가 글쓰기 능력에 대한 인식에 미치는 영향을 중심으로. ≪한국문예비평연구≫, 79, 243~272.

Britt, M. A., & Aglinskas, C.(2002). Improving students' ability to identify and use source information. *Cognition and Instruction, 20*(4), 485~522.

Britt, M. A. & Rouet, J. F.(2012). Learning with multiple documents: Component skills and their acquisition. In J. R. Kirby & M. J. Lawson(Eds.), *Enhancing the quality of learning: Dispositions, instruction, and learning processes*(pp.276~314). Cambridge University Press.

Klein, P. D., Haug, K. N., & Arcon, N.(2017). The effects of rhetorical and content subgoals on writing and learning. *Journal of Experimental Education, 85*(2), 291~308.

List, A., & Du, H.(2021). Reasoning beyond history: Examining students' strategy use when completing a multiple text task addressing a controversial topic in education. *Reading and Writing, 34*, 1003~1048.

Perfetti, C. A., Rouet, J. F., & Britt, M. A.(1999). Toward a theory of documents representation. In H. van Oostendorp & S. R. Goldman(Eds.), *The construction of mental representations during reading*(pp.99~122). Erlbaum.

Rouet, J. F., Britt, M. A., & Durik, A.(2017). RESOLV: Readers' representation of reading contexts and tasks. *Educational Psychologist, 52*(3), 200~215.

04
인간의 글쓰기 능력과의 대응

이 장에서는 글쓰기 능력 발달의 관점에서 인공지능이 인간의 글쓰기 능력을 어느 정도로 모방하는지 살펴본다. 최근 연구에서는 인공지능이 인간의 글쓰기를 거의 모든 단계에서 유사하게 수행할 수 있다는 사실이 확인되었다. 인공지능의 상용화는 글쓰기에 대한 전통적인 교육과 평가 패러다임을 근본적으로 변화시키고 있다.

AI와 사주?

인간의 글쓰기 능력 발달

글쓰기 발달(writing development)은 자연적 성숙과 인위적 교육을 통해 필자의 글쓰기 능력이 성장하는 과정을 의미한다. 여러 논의 중 하나로, 버레이터(Bereiter, 1980)는 글쓰기 발달을 '연상적 글쓰기, 수행적 글쓰기, 의사소통적 글쓰기, 통합적 글쓰기, 인식론적 글쓰기'의 다섯 단계로 나눈 바 있다. 최근 연구에 따르면 인공지능도 글쓰기 발달의 모든 단계를 인간과 유사하게 수행할 수 있는 것으로 확인되었다(장성민, 2023).

표 4-1 글쓰기 발달 단계에 대한 이론적 분류

글쓰기 발달 단계	각 단계에 대한 설명
연상적 글쓰기 (associative writing)	• 문자언어 생산의 유창성과 아이디어 연상의 유창성이 결합하여 이루어지는 단계 • 머릿속 생각을 떠오르는 순서대로 적음(예: 메모하기).
수행적 글쓰기 (performative writing)	• 연상적 쓰기에 문체, 맞춤법 등의 규칙이 더해져 구현되는 단계 • 주로 학교 교육을 통해 발달되며, 표현적(expressive) 쓰기로부터 교섭적(transactional), 문예적(poetic) 쓰기로 분화됨(Britton et al., 1975).
의사소통적 글쓰기 (communicative writing)	• 수행적 쓰기에 사회적 인지가 결합한 단계 • 독자의 입장과 관점을 고려하고 그들의 요구에 맞게 메시지를 조정함(예: 독자의 수준과 흥미 고려하기).

통합적 글쓰기 (unified writing)	• 의사소통적 쓰기에 비판적 사고가 결합한 단계 • 필자가 자신이 쓴 글의 독자가 되며, 스스로의 글에 대한 피드백 고리를 형성하여 독자의 시각에서 자신의 글을 점검, 조정함(예: 예상 반론 고려하기).
인식론적 글쓰기 (epistemic writing)	• 통합적 쓰기에 성찰적 사고가 결합한 단계 • 쓰기를 통해 확장되고 깊이 있는 사고를 할 수 있으며, 개인의 성장을 위한 의미 탐색이 가능함(예: 성찰일지 쓰기).

출처: 장성민(2023), "생성 인공지능 기술은 인간의 쓰기 능력을 대신할 수 있는가?: 포스트 챗GPT 시대의 작문 평가 담론을 위한 예비적 논의", ≪국어교육≫, 181, 122~125쪽 재구성.

인식론적 글쓰기 능력

인식론적 글쓰기(epistemic writing)는 버레이터가 분류한 글쓰기 발달의 최상위 단계에 해당한다. 이는 통합적 글쓰기에 성찰적 사고가 결합한 단계다. 이 단계에 해당하는 필자는 글쓰기를 통해 확장되고 깊이 있는 사고를 할 수 있으며, 개인의 성장을 위한 의미 탐색이 가능해진다. '성찰일지'와 같이 자아에 대해 쓰는 것이 인식론적 글쓰기에 해당하는 대표적인 예다.

국어 수업에서 학생들에게 로봇세 도입에 대해 자신의 생각을 논리적으로 제시하게 한 후, 성찰일지를 통해 글을 쓰는 과정에서의 문제 해결 방식이나 이러한 과정을 통해 배우고 느낀 점을 돌아보는 인식론적 글쓰기 과제를 부과했다고 생각해 보자. 성찰일지 과제를 받은 학생들은 (물론 교육적으로 바람직하지 못하기는 하나) 인공지능 서비스에 접속하고 "다음 글을 작성하면서 필자는 어떤 점에서 어려움을 느꼈을 거라 생각하며, 그러한 어려움을 어떻게 해결했을 것으로 생각합니까? 필자는 이러한 글을 작성하는 과정으로부터 어떠한 새로운 깨달음을 얻었을까요?"와 같은 프롬프트를 투입해 볼 수 있을 것이다. 다음 사례는 '챗지피티'에 로봇세 도입에 관한 700자 내외의 논증적 에세이와 함께 해당 프롬프트를 입력한 결과다.

> 이 글을 작성하면서 필자는 몇 가지 어려움을 느꼈습니다. 먼저, 로봇과 인공지능 기술의 발전에 따른 사회적 문제를 다양한 측면에서 다루어야 했기 때문에 글의 구성과 내용을 조절하는 데 어려움이 있었습니다. 또한, 로봇세와 관련된 정책과 경제 용어를 다루어야 했기 때문에 전문적인 어휘와 지식이 필요한 점에서 어려움을 겪었습니다.
>
> 이러한 어려움을 해결하기 위해 필자는 다양한 정보원을 참고하고, 정확하고 객관적인 정보를 바탕으로 글을 작성하는 데 주의를 기울였습니다. 또한, 글의 구성을 논리적으로 잘 짜고, 각 주장을 명확하게 표현하여 글의 일관성과 설득

력을 높이려 노력했습니다. 필자는 또한 로봇세 도입의 긍정적인 측면을 강조하면서, 가능한 반대 의견에 대해서도 객관적으로 다루어 균형있는 글을 작성하려고 노력했습니다.

이러한 글 작성 과정을 통해 필자는 로봇세 도입에 대한 정책적인 측면과 경제적인 이점을 조사하고 깊이 이해하는 기회를 가졌습니다. 또한, 로봇과 인공지능 기술의 발전이 사회적인 영향을 미치는 다양한 측면을 고려하며 글을 작성하면서, 기술의 발전과 사회적 이슈 사이의 관계를 더 깊이 이해하는 새로운 깨달음을 얻었습니다. 로봇세 도입이 기술 발전과 경제, 사회, 환경 등 다양한 측면을 고려한 복합적인 정책적인 결정이라는 점을 깨달았습니다(장성민, 2023: 147~148).

위 사례에서는 인공지능을 활용해 필자의 글쓰기 경험을 가상으로 생성한 다음, 그 과정에서 발생한 어려움, 해결 방안, 그리고 글쓰기를 통해 얻은 깨달음을 서술하고 있다. 위 텍스트에서 '필자'를 '나'로 바꾸기만 하면 글쓰기 과제를 실제로 수행하지 않고도 성찰일지 작성을 쉽게 마칠 수 있다. 또한 '반응 재생성하기(regenerate response)' 기능을 사용하면, 글쓰기의 문제 해결 과정에 대한 분석과 성찰의 결과를 다양하게 조합해 새로운 글을 얼마든지 다시 생성할 수도 있다.

인공지능이 인식론적 글쓰기까지 인간과 유사하게 수행할 수 있다는 점은 일상에 여러 문제를 야기할 수 있다. 디지털 환경으로 변화함에 따라 글쓰기에서 표절이 더 쉬워진 것처럼, 이제는 개인의 고유한 생각이나 일종의 개인차로 간주되던 메타인지적, 정의적 차원까지도 인공지능에 의해 왜곡될 수 있는 것이다. 게다가 인공지능의 자연어 처리 방식은 매번 다른 텍스트를 생성하기 때문에 문헌 유사도 검사로도 탐지하기 어렵다.

교육과 평가에서 글쓰기 과제의 미래

이처럼 인공지능의 상용화는 인간의 창조 행위와 저작권, 시험, 평가 등에 대한 전통적인 패러다임을 근본적으로 변화시켰다. 인공지능은 인간이 만든 데이터를 학습하고 알고리즘을 통해 재조합하므로, 인간의 글쓰기와 일정 부분 유사할 수 있다. 그러나 인공지능에 의존한 결과물이 인간의 글쓰기 능력을 대체하는 것은 아니며, 인공지능만을 사용해 작성된 글이 필자의 능력을 대변할 수는 없을 것이다. 인공지능의 잘못된 활용을 방지하기 위해 제시되는 교육적 대안들이 적절히 작동하는지 지속적으로 검토하고 개선하는 작업이 필요하다.

교육과 평가의 영역에서 활용되는 글쓰기 과제의 맥락은 현재와 많이 달라질 것으로 예상된다. 이와 관련해서 고려해 볼 수 있는 전망 가운데 한 가지는, 교육과 평가의 맥락에서 교사나 평가자가 목적에 맞게 글쓰기 과제의 맥락을 다양화할 것이라는 점이다. 과거의 전통적인 글쓰기 환경에서는 책을 읽거나 영상을 시청한 후 이를 확인하거나, 학업 성취도, 고차원적 사고력을 측정하기 위해 다양한 글쓰기 과제(예: 요약문, 보고서 등)를 활용해 왔다. 이러한 환경에서는 문헌 유사도 검사 등을 통해 부정행위를 방지했다. 그러나 인공지능의 도입 이후에는 인식론적 글쓰기를 포함한 대부분의 양식에서 인공지능에 의한 부정행위의 가능성이 존재하며, 이를 탐지하거나 막을 수 있는 방법도 아직 완벽하게 갖추어지지 않은 실정이다.

이에 따라 교실 밖에서 이루어지던 글쓰기 과제를 교실 내 통제된 실험실 환경으로 옮겨 오거나, 인공지능의 잘못된 활용을 방지하기 위해 평가 방식을 대안적으로 변경하는 것이 필요해 보인다. 가령 '계획하기~표현하기'와 같은 초고 작성의 인지 과정을 살펴보기 위해서는 시간이 제한된(time-promptu) 환경에서의 교실 내 글쓰기(classroom writing) 방식이 적합하다. 반면 논문 작성이나 초고를 고쳐쓰는 것과 같이 깊이 있는 사고를 요구하거나 글쓰기의 회귀성이 강조되는 상황에서는 인공지능을 활용한 대안적 글쓰기 방식이 유용할 수 있다. 오랜 시간에 걸친 글쓰기 능력의 변화를 추적하는 포트폴리오 평가 방식이나, 과제 수행의 상황성, 즉흥성을 강화하는 구술 평가, 시나리오 기반 평가 방식 등에 대해서도 더 고려해 볼 수 있다.

참고문헌

장성민(2023). 생성 인공지능 기술은 인간의 쓰기 능력을 대신할 수 있는가?: 포스트 챗GPT 시대의 작문 평가 담론을 위한 예비적 논의. ≪국어교육≫, 181, 119~160.

Bereiter, C.(1980). Development in writing. In L. W. Gress & E. R. Steinberg(Eds.), *Cognitive processes in writing*(pp. 73~93). Laurence Erlbaum.

Britton, J., Burgess, T., Martin, N., McLeod, A., Rosen, H.(1975). *The development of writing abilities(11-18)*(Schools Council research studies). MacMillian.

05
글쓰기와 필자의 재개념화

이 장에서는 AI 시대에 변화해야 할 글쓰기와 필자의 개념을 정립한다. AI 시대에는 필자를 자기조절학습의 주체로, 글쓰기를 인간과 기계의 협력적 작업으로 규정할 수 있다. 이러한 관점에서는 '기술'이 글쓰기의 핵심 요소로 강조된다.

AI와 아이돌?

자기조절학습으로서의 글쓰기

인지주의에 기반한 기존 글쓰기 담론에서는 글쓰기를 필자의 머릿속에서 이루어지는 의미 구성 과정으로 보고, 필자를 일종의 '문제 해결자(problem-solver)'로 상정했다(Flower & Hayes, 1980). 그러나 인공지능이 글쓰기 과정을 기술적으로 매개하고 통제하는 AI 시대에는 필자의 위상과 역할이 '자기조절학습(self-regulated learning)의 주체(agent)'로 변화할 것으로 보인다.

자기조절학습(self-regulated learning, SRL)이란 "학습자가 추구하는 목표를 가지고, 학습자 스스로의 선택과 자율적인 의지에 의해 인지, 동기와 정서, 행동, 환경적 차원의 통제와 조절을 체계적으로 활성화해 나가는 과정"(방선욱, 2009: 106)을 말한다. 이 개념은 반두라(Bandura, 1977)의 사회적 학습 이론(social learning theory)에 근거해, 학습자가 환경과 어떻게 상호작용하며 배움을 이어 가는지에 중점을 둔다. 자기조절학습은 목표 설정하기(goal setting), 진행 상황 점검하기(monitoring progress), 전략 조정하기(adjusting strategies) 등을 포함해 학습자가 자신의 학습을 스스로 관리하는 과정으로 이루어진다(Pintrich, 2000).

AI 시대의 급변하는 커뮤니케이션 환경에서 자기조절

학습의 중요성이 강조되는 이유는, 인공지능과 같은 기술적 요인이 글쓰기 과정 전체를 매개하고 통제하기 때문이다. 전통적인 글쓰기 환경에서 필자는 '계획하기~고쳐쓰기'의 인지적 과정을 개별적으로 수행했지만, AI 시대의 필자는 기술적 요인을 포함한 글쓰기 환경에 능동적으로 대응해야 한다. 이러한 변화는 글쓰기 과정이 전통적인 '쓰기 전, 중, 후' 단계에서 AI의 개입이 포함된 '초고 생성 전, 중, 후' 단계로 재구성되면서 더욱 명확해지고 있다.

이러한 변화는 필자의 역할과 글쓰기의 개념 정립에도 영향을 미친다. 전통적인 글쓰기 환경에서는 문체, 맞춤법 등을 포함하는 문자언어 운용의 형식적 제약을 충족하거나, 쓸 내용을 생성, 조직, 표현하는 것과 같은 인지적 문제를 해결하는 것이 교육과 평가의 중심이었다. 하지만 AI 시대에는 이러한 요소들이 기술의 도움을 받아 자동화될 수 있으며, 필자가 의식적 주의를 기울이지 않고도 텍스트를 생성할 수 있다. 물론 인공지능이 생성한 텍스트가 필자의 글쓰기 능력을 제대로 반영하는가에 대해서는 논쟁의 여지가 있을 수 있으나, 글쓰기가 결과적으로 가시적인 텍스트를 산출하는 행위임을 고려하면 이러한 변화를 완전히 무시하기는 어렵다.

그렇다고 해서 AI 시대 이전의 글쓰기 요소들을 구시대의 산물로 간주하거나 폐기해야 할 대상으로 여겨서는 안 된다. 전통적인 글쓰기를 구성하는 요소들은 여전히 교육 공동체에서 일반적으로 인식되고 중요하게 다루어지는 부분들이기 때문이다. 이를 간과한 채 AI 시대의 새로운 방식만을 강조하는 것은 글쓰기 교육과 평가에 대한 담론을 실제성 있게 다루지 못하는 결과를 초래할 수 있다. AI 시대에 새롭게 제시되는 필자의 역할과 글쓰기의 개념은 이러한 담론이 기존 학문적 성과에 안주하지 않고 지속적인 변혁과 혁신을 추구해 온 결과라고 할 수 있다.

이러한 흐름은 리터러시에 대한 이해가 단순히 '개인의 내적인 인지 처리 과정'으로 보는 자율적(autonomous) 관점을 넘어, '맥락과의 상호작용을 통한 사회·문화적 실천 행위'로 보는 이념적(ideological) 관점으로 확장되고 있음을 함의한다(Barton, 2007). 표준적인 '단 하나의 리터러시 실천(literacy, 단수형)'만을 인정하는 대신, 각 개인이 보유한 독특한 인식과 자원을 바탕으로 하는 '다양한 리터러시 실천(literacies, 복수형)'이 가능하다는 점을 수용하는 것이 이러한 흐름에 포함된다(The New London Group, 1996). 글쓰기를 가르치고 평가하는 방식 또한 이러한 변화에 맞추어 변화할 수 있을 것이다.

자기조절학습 주체로서의 필자

필자의 역할이 전통적인 '문제 해결자'에서 '자기조절학습의 주체'로 옮겨 간다는 것은, 인공지능을 활용한 글쓰기 수행에서 필자의 내적인 인지 처리보다 '기술'을 포함한 환경과의 상호작용에 더 많은 주의를 기울이게 됨을 의미한다. 이전의 글쓰기 담론에서는 필자의 내적인 과정에 주로 초점을 맞추었지만, AI 시대에는 필자가 내용을 생성, 조직, 표현하는 '실행자(executor)'로서의 역할과 더불어, 상위의 차원에서 전체 과정을 계획하고 통제하며 기계가 생성한 결과물을 목적에 맞게 조절하는 '설계자(designer)', '관리자(manager)'로서의 역할이 강조된다.

필자의 이러한 역할 변화는 글쓰기에서 세부적인 문제 해결을 넘어, 글쓰기의 전반적인 방향을 설정하고 이를 관리하는 거시적 작업의 중요성이 높아짐을 함의한다. 이 과정에서 필자는 인공지능에 투입할 프롬프트를 생성하고, 인공지능이 만든 텍스트(초고 또는 중간 산출물)를 메타적으로 분석하는 방법에 주목해야 한다. 필자가 인공지능을 효과적으로 활용하기 위해서는 인공지능이 생성하기를 원하는 내용이 무엇인지 파악하고(목표 설정하기), 생성된 텍스트가 맥락에 적합한가를 확인하며(진행 상황 점검하기), 맥락에 맞는 텍스트 생성을 위해 프롬프트를 어떻게 조정할 것인가를 결정할 수 있어야 한다(전략 조정하기).

인간과 기계의 협력 작업

글쓰기 과정에서 환경과의 상호작용을 강조하는 자기조절학습의 중요성이 부각됨에 따라 글쓰기의 개념 또한 달라질 수 있다. 2007 교육과정 시기 이후로 글쓰기 실천을 '대화'(Bakhtin, 1984)나 '사회적 행위'(Bruffee, 1986)로 보는 사회구성주의적, 대화주의적 관점이 포함된 바 있다. 그러나 교육 현장에서 실제 교수·학습으로 구현될 때에는 '예상 독자'나 '담화 공동체' 등의 개념이 실체적이지 않다는 문제로 인해, 이들은 지식 전달의 차원에서 제한적으로 다루어져 왔다.

하지만 인공지능이 일상적으로 사용됨에 따라, 글쓰기는 인간(필자)과 기계(인공지능)의 협력적 작업으로 그 위상이 확고해지고 있다. 인공지능 환경에서는 인간이 투입한 프롬프트에 따라 기계의 반응이 즉각적으로 달라지기 때문에, 이전에 모호하고 추상적이던 '예상 독자'와 '담화 공동체' 개념이 구체화된다. 기존 교육에서는 글쓰기의 수사적 상황으로 '주제, 목적, 독자, 매체'를 설정해 왔으나, 이제는 '기술'에 대해서도 글쓰기에 영향을 미치는 맥락 가운데 하나로 주목할 필요성이 대두된다. 기술이 재생산하는 담화의 지배적 이데올로기와 고정관념, 사회적 편견 등에 대해서도 비판적으로 접근할 수 있어야 한다.

물론 AI 시대라고 해서 글을 쓸 때 반드시 기술적 도움을 받아야 하거나, 기술적 도움을 받은 글이 더 우수한 글인 것은 아니다. 그러나 인공지능을 활용한 글쓰기는 학습자가 과제를 쉽게 해결할 수 있는 유혹적인 수단이 될 수 있다. 이러한 논의의 중요성은 일상적인 글쓰기 수행과 이에 대한 교육적 접근 사이의 괴리를 없애고자 하는 것에서 비롯된다. 기술과 매체는 역사적으로 계속 발전하며 빠르게 변화해 왔다. 이에 우리는 인공지능의 이점을 극대화하고, 학습자에게 실제적이며 유효한 교육을 제공하는 것을 목표로 해야 한다.

참고문헌

방선욱(2009). 자기조절학습과 자기효능감 연구의 교육적 함의. ≪교육사상연구≫, 23(2), 103~123.

Bakhtin, M.(1984). *Problems of Dostoevsky's poetics*(Emerson, C. Trans.). University of Minnesota Press.

Bandura, A.(1977). *Social learning theory*. Prentice-Hall.

Barton, D.(2007). *Literacy: An introduction to the ecology of written language*(Second ed.). Blackwell.

Bruffee, K. A.(1986). Social construction, language, and the authority of knowledge: A bibliographical essay. *College English, 48*(8), 773~790.

Flower, L. & Hayes, J.(1980). The dynamics of composing: Making plans and juggling constraints. In L. W. Gregg & E. R. Steinberg(Eds.), *Cognitive processes in writing*(pp.31~50). Erlbaum.

Pintrich, P.(2000). The role of goal orientation in self-regulated learning. In M. Boekaerts, P. Pintrich, & M. Zeidner(Eds.), *Handbook of self-regulation*(pp.452~502). Academic Press.

The New London Group(1996). A pedagogy of multiliteracies: Designing social futures. *Harvard Educational Review, 66*(1), 60~93.

06
AI 시대의 글의 본질

이 장에서는 '매개 문서'와 '진전된 문서'의 관계를 통해 AI 시대의 글의 본질을 탐구한다. 인공지능은 맞춤법과 같은 기계적 측면을 준수함으로써 필자의 부담을 줄이고, 필자가 글의 표준적인 원리를 습득하는 데 도움을 줄 수 있다. 그러나 인간 필자의 추가적인 개입을 필요로 하며, 이를 통해 필자의 정체성이 반영된 최종 글에 이를 수 있다.

AI와 야구?

인공지능은 글다운 속성을 어떻게 바꾸었는가?

인공지능은 서론, 본론, 결론을 갖춘 에세이 작성에 특화되어 있다. 글쓰기 교실에서 이를 교육적으로 활용하면, 학교 교육을 통해 배워야 할 장르와 양식의 표준적인 원리에 학생들이 익숙해지도록 도울 수 있다. 또한 인공지능이 생성하는 글은 맞춤법, 정서법 등과 같은 글쓰기의 기계적 측면(mechanics)을 대부분 준수하고 있으므로, 필자가 이러한 규칙을 지키기 위해 겪었던 인지적 부담도 줄어들 수 있다.

그러나 인공지능의 도움을 받아 더욱 쉬워진 것처럼 보이는 글쓰기 지도에는 여전히 불완전한 부분이 존재한다. 인공지능이 생성한 글은 형식적으로는 완성도가 높아 보이지만, 실제적인 담화에 부합하지 않는 경우가 많아 자연스럽지 않을 수 있다.

인공지능에 의한 '서-본-결' 구조의 에세이는 대부분 관습적인 다섯 문단 글쓰기 방식으로 구성되며, 본론에서 소주제들을 나열한 뒤 서론과 결론을 형식적으로 덧붙이는 경향이 있다(장성민, 2023). 비록 이런 글이 완성도가 높아 보일 수 있지만, 실제 한국어 글쓰기의 담화 관습에는 잘 부합하지 않는다. 특히 서론은 거의 모든 글에서 등장하지만, 결론을 독립적으로 작성하는 것은 종종 부자연스럽게 느껴질 수 있다. 제로지피티(ZeroGPT)와 같은 인공지능 표절 탐지 서비스에서는 글의 마지막 문단의 시작 부분에 '결론적으로(In conclusion)', '종합적으로(Overall)', '따라서(Thus)'와 같은 표현을 사용하는 것을 주요한 신호로 보아 인공지능의 사용 여부를 판단하는데, 이는 글의 부자연스러움을 반영한다.

인공지능이 한국어 글자 수 조건을 정확히 맞추는 데 어려움이 있어, 초고 생성 후 인간 필자의 추가적인 노력이 필요한 것 또한 불완전한 부분 중 하나다. 이는 한국어에서 글자 수를 세는 단위인 '자(字)'는 그 의미가 영어의 유사 어휘(예: character, letter, word)들과 일치하지 않아, 인공지능이 한국어 글자 수 조건을 제대로 인지하지 못하기 때문이다. 따라서 기계에 의해 자동 생성된 텍스트를 초고로 사용하되, 인간 필자가 조건에 맞게 글을 다듬고 완성도를 높이는 과정이 필수적이다. 이러한 작업에 필요한 메타인지와 높은 수준의 인지적 주의는 AI 시대에 더욱 강조되어야 할 중요한 요소다.

AI 시대의 글에 대한 질문

AI 시대의 글의 본질에 대해 던질 수 있는 근본적인 질문

가운데 하나는 '기계가 생성한 텍스트를 필자의 글로 볼 수 있는가?' 하는 점이다.

기계가 생성한 초고 또는 중간 산출물을 '매개 문서(mediating documents)'라고 한다(Kirkpatrick & Klein, 2016). 이는 최종 글이 완성되기 전에 생성되는 가시적 산출물을 총칭하는 개념이다. 필자는 글쓰기 과정에서 자료를 탐색하거나 아이디어를 정리하기 위해 이러한 매개 문서를 생성하고, 이를 바탕으로 최종 글을 완성한다. 전통적인 커뮤니케이션 환경에서는 필자 자신이 매개 문서를 생성하며, 이 과정에 필자의 의식적 주의가 반영되었다.

하지만 AI 시대에는 필자의 의식적 주의 없이도 매개 문서를 생성할 수 있다. 때로는 매개 문서의 생성이 기계에 완전히 의존해 텍스트 자동 생성의 방식으로 이루어지기도 한다. 인공지능을 활용해 산출된 매개 문서는 필자의 목소리, 신념, 기대, 의도 등과 동떨어지는 경우가 적지 않다.

그러나 기계에 전적으로 의존해 인간 필자의 의식적 주의가 전혀 반영되지 않은 글을 필자의 글로 보기는 어려울 것이다. 많은 사람들이 기계가 작성한 글의 오류를 자신의 잘못으로 인식하지 않는 것은 이 때문이다. 글쓰기의 본질은 의미를 구성하고 문제를 해결하는 사고 과정에 있기 때문에, 개인이 직접 의미를 구성하거나 문제를 해결하지 않은 경우 그 글에 필자의 정체성이 반영되었다고 보기 어렵다.

인공지능을 활용해 작성한 글의 주체를 어떻게 볼 것인가 하는 문제는, AI 시대의 새로운 커뮤니케이션 환경에서 필자가 갖추어야 할 필수 요건을 고려하는 문제로 이어진다. 선행 연구에서는 매개 문서(초고 또는 중간 산출물)와 진전된 문서(최종 글, evolving text) 간의 관계를 '변형적 재사용(transformative reuse)'(Donahue, 2019)이라는 개념으로부터 설명한다. 이 개념은 AI 시대에 필자가 갖추어야 할 요건에 대한 단서를 제공한다.

이에 따르면, 매개 문서는 본질적으로 미완결 상태의, 장르가 뚜렷하지 않은 간장르적 속성을 지닌 텍스트라 할 수 있다. 최종 글로 완성되기 이전의 매개 문서들은 상호 텍스트적으로 연결되어 있고, 간장르적 속성을 포함하는 일련의 '장르 집합(genre sets)'인 것이다(Nelson & King, 2023). 필자는 글쓰기를 시작하기 전에 자신이 쓸 글의 목적과 장르를 선험적으로 설정하기도 하지만, 여러 종류의 매개 문서를 진전된 문서로 발전시키고 통합하는 과정에서 사후적으로 목적과 장르를 결정하기도 한다. 필자는 일단 생성된 매개적 산출물들에 대해 애초의 계획과 다른 새로운 목적을 적용할 수 있으며, 이러한 새로운 목적으로부터 변형된 텍스트를 만들어 낼 수도 있다. AI 시대에 글을 쓴다는 것은, 전통적인 커뮤니케이션 환경에서 고려되던 필자 자신의 배경지식이나 외부 자원의 정보뿐 아니라, 인공지능에 의해 생성된 텍스트를 통합적으로 '재사용'하되 능동적인 '변형'을 통해 자신의 언어로 만드는 작업을 포함한다.

매개 문서의 교육적 활용

그렇다면 AI 시대에 글을 글답게 만들기 위해 어떻게 해야 할까? AI 시대에는 기계에 의한 텍스트 자동 생성으로 완성된 글을 더 쉽게 산출할 수 있으나, 이 과정에서 필요한 의식적 주의가 줄어들 수 있다. 전통적인 글쓰기 환경과는 달리 AI를 사용하면 내용 생성, 조직, 표현 등에 필요한 주의를 기울이지 않고도 글을 산출할 수 있는 것이다. 그러나 이러한 변화가 필자의 글쓰기 능력 향상에 긍정적이지는 않을 수 있다. 필자의 글쓰기 능력을 길러 주기 위해서는 필자가 인공지능을 활용해 산출한 텍스트를 매개 문서로 활용하고, 이를 자신의 정체성이 반영된 최종 글로 꼼꼼하게 다듬는 과정에 주목할 필요가 있다.

AI 시대의 글쓰기에서 기계가 자동 생성하는 매개 문서의 양이 폭발적으로 늘어날 것임을 고려할 때, 간장르적 텍스트의 가치를 인정하는 것도 교육적으로 중요하다. 기계에만 의존한 글쓰기가 바람직하지 않은 것처럼, 간장르적 텍스트의 가치를 무시하는 것도 문제가 될 수 있다. 글쓰기의 목적이나 장르가 항상 명확하게 설정되지 않을 수 있으므로, 교육에서는 이러한 사실을 인정하고 필자가 처음부터 완성도 높은 글을 생성하지 않아도 된다는 점을 알려 줄 필요가 있다. 이를 통해 필자는 반복적인 수정 작업을 거치며 글을 융통성 있게 다듬어 나갈 수 있다. 학교는 일종의 '러닝랩(learning lab)'으로서 학생들이 실패나 성공 여부에 관계 없이 마음 놓고 도전할 수 있는 공간이 되어야 한다.

이러한 수정 작업은 필자가 변화된 환경에서의 창의적이고 자유로운 글쓰기 수행(일상어 리터러시)과 공적이고 표준화된 담화 관습(지배적 리터러시) 사이의 균형을 도모하도록 기여할 수 있다. 이는 AI 시대의 필자가 갖추어야 할 중요한 역량 가운데 하나다. 완성된 텍스트를 생성하는 것은 기계가 할 수 있지만, 그 텍스트가 '글'로서 가치를 지니게 하고 이를 최종적으로 판단하는 것은 인간의 역할이다. 인공지능은 인간의 글쓰기를 지원하는 도구이자 학습의 자원일 뿐, 인간의 능력을 온전히 대신하거나 대체할 수 있는 것은 아니다.

매개 문서를 완성된 최종 글, 진전된 문서로 발전시키는 작업은 필자의 더욱 정교한 수행을 유도하는 것이기도 하다. 이러한 가치는 인지심리학 기반의 선행 연구들을 통해 뒷받침된다.

'매개 문서'라는 용어를 처음 사용한 커크패트릭과 클레인(Kirkpatrick & Klein, 2016)에서는, 외부 자원을 읽은 후 초고를 바로 작성한 경우와 매개 문서를 거쳐 초고를 작성한 경우의 수행 과정과 결과를 비교했다. 그 결과, 외부 자원을 읽고 바로 초고를 작성했을 때는 버레이터와 스칼다말리아(Bereiter & Scardamalia, 1987)의 '지식 나열(knowledge-telling)', 넬슨과 헤이즈(Nelson & Hayes, 1988)의 '저투자 접근(low-investment approach)'에 해당하는 낮은 수준의 성취를 보였다. 반면 매개 문서를 경유해 초고를 작성했을 때는 '지식 변형(knowledge-transforming)', '고투자 접근(high-investment approach)'에 해당하는 높은 수준의 성취를 보였다. 지식 변형과 고투자 접근이 목표, 청중 등의 수사적 문제에 대한 관심을 포함하는 정교한 수행이라면, 지식 나열과 저투자 접근은 사실, 정보 등의 내용적 문제에 한정해 제한적인 관심을 보이는 수행이라 할 수 있다. 매개 문서를 거쳐 최종 글, 진전된 문서로 발전시키는 작업이 필자의 성취도에 기여하고 있는 것이다.

참고문헌

장성민(2023). 생성 인공지능 기술은 인간의 쓰기 능력을 대신할 수 있는가: 포스트 챗GPT 시대의 작문 평가 담론을 위한 예비적 논의. ≪국어교육≫, 181, 119~160.

Bereiter, C., & Scardamalia, M.(1987). *The psychology of written composition*. Erlbaum.

Donahue, C.(2019). Trends in modeling academic writing in multilingual contexts. In B. Huemer, E. Lejot, & K. L. B. Deroey (Eds.), *Academic writing across languages: Multilingual and contrastive approaches in higher education*(pp.41~57). Bohlau Verlag.

Kirkpatrick, L. C., & Klein, P. D.(2016). High-achieving high school students' strategies for writing from Internet-based sources of information. *Journal of Writing Research, 8*(1), 1~46.

Nelson, J., & Hayes, J. R.(1988). *How the writing context shapes college students' strategies for writing from sources*(Technical Report 16). Center for the Study of Writing and Learning at University of California-Berkeley and Carnegie Mellon.

Nelson, N., & King, J. R.(2023). Discourse synthesis: Textual transformations in writing from sources. *Reading and Writing, 36*(4), 769~808.

07

AI 시대의 기초 문해력

이 장에서는 AI 시대에 기초 문해력의 중요성과 이를 향상시키는 방법을 살펴본다. 인공지능을 통해 완성된 글을 쉽게 작성할 수 있다는 점은, 역설적으로 학습자가 독립적이고 자율적인 필자로 성장하는 데 필요한 고민과 경험의 기회를 줄인다. 필자의 정의적, 행동적 요인을 고려하고 일상어 리터러시에 주목함으로써 기초 문해력에 대한 관심을 높일 수 있다.

AI와 윤동주?

AI 시대에 기초 문해력의 역설

AI 시대에는 기초 문해력의 중요성이 공동체 구성원에게 더 강조될 것으로 예상된다. 인공지능을 활용해 완성된 글을 손쉽게 작성할 수 있다는 점은, 학습자가 독립적이고 자율적인 필자로 성장하기 위해 거쳐야 할 문제 해결 과정의 세부 단계를 진지하게 고민하고 경험해 볼 기회를 제한한다는 의미로도 받아들여질 수 있다. 이에 따라 인공지능을 사용하지 않는 아날로그 환경에서는 간단한 글조차 쓰지 못하는 사람들이 늘어날 수 있고, 이로 인한 문해력 격차가 확대되어 학습 및 교육에서 격차가 확산될 수도 있다.

특히 인공지능과의 대화는 프롬프트를 통해 촉발되므로, 일정한 문해력 수준은 효과적인 소통을 위해 중요하다. 이러한 중요성은 '글쓰기 막힘'이라는 개념을 통해 설명될 수 있다. 글쓰기 막힘(writer's/writing block)은 "글쓰기의 기초 기능이나 노력 부족이 아닌 다른 이유로 인해 글쓰기를 시작하지 못하거나 시작한 후에도 지속하지 못하는 상태"(Rose, 1984: 3)를 가리킨다. 여기에는 필자의 인지적, 정의적 차원과 같은 내적 요인과, 과제, 물리적 · 사회적 환경 등과 같은 외적 요인이 복합적으로 작용한다. 인공지능의 보급으로 읽고 쓰는 활동 중 여러 부분이 자동화됨에 따라, 기본적인 문해력을 갖추지 못한 사람들이 사회에서 빠르게 소외될 우려가 있다.

한편 학업과 직업 세계에서 인간에게 요구하는 글쓰기 능력의 수준이 더 높아질 것으로 전망되기도 한다. 과거에는 글쓰기에서 문장 표현, 어휘 선택, 어문 규범 준수 등과 같은 어려움을 겪는 필자들이 많았지만, 기술의 발전으로 인해 이러한 어려움이 해소되고 있기 때문이다. 이에 따라 대가를 지불하며 그 가치를 인정하는 인간의 글쓰기는 추론, 분석, 비판, 예측 등을 포함하는 고차원적 사고로 옮겨 갈 것으로 보인다. 반면 기초 문해력을 갖추지 못해 고차원적 사고 역량을 발휘하는 데 어려움을 겪는－'지식 나열' 수준에 머무는－사람들에게는 오히려 학문과 직업 세계의 기회가 줄어들 수도 있다.

필자로 성장한다는 것의 의미

그러면 기초 문해력을 보유하며 일정한 조건에서 글쓰기를 수행할 수 있는 평생 필자로 성장시키기 위해서는 어떻게 해야 할까? 평생 필자는 "일생에 걸쳐 지속적, 능동적, 자발적으로 글쓰기를 수행하는 필자"(장성민, 2023: 297～298)를 가리킨다. 이 개념에는 글쓰기 지도의 효과가 개별 수업에 국한되지 않고, 학습자가 전 생애 동안 지속적으로 글쓰기를 수행하며 필자로 성장하고 발전할 수 있도록 도와야 한다는 관점이 반영된다. 글쓰기 교육의 최종 목표는 인지적 문제를 스스로 찾아 해결할 수 있고 글쓰기를 즐겨 실천할 수 있는 평생 필자를 기르는 것이라 할 수 있다.

이와 관련해서 다음과 같은 몇 가지 질문들을 던져 볼 수 있다. 학습자가 공동체 구성원으로서 바람직한 커뮤니케이션 문화와 글쓰기 관습을 형성하고 유지하는 데 도움이 되는 글쓰기 경험과 학습 경험을 교실에서 어떻게 제공할 수 있을까? 인공지능으로부터 촉발된 변화한 글쓰기 환경에서 이러한 경험은 교육적으로 여전히 유효할 것인가?

이러한 질문에 대한 답을 얻기 위해 '평생 독자' 개념에 주목한 독서 교육 분야의 담론을 참고해 볼 수 있다. 미국 독서 교육 분야의 석학인 애플러백(Afflerbach, 2022)은 기능과 전략의 학습에 치우쳐 있던 기존 읽기 지도의 문제점과 그 원인을 분석하고, 메타인지(metacognition), 실행 기능(executive functioning), 마음 챙김(mindfulness), 자기 효능감(self-efficacy), 동기(motivation), 참여(engagement), 귀인(attribution), 성장 마인드셋(growth mindsets), 인식론적 신념(epistemic beliefs) 등을 높이는 새로운 접근을 제시했다. 학습자를 평생 독자로 기르기 위해서 '읽기 가르치기(teaching reading)'에서 '독자 가르치기(teaching readers)'로, '독서의 과학(science of reading)'에서 '독서의 과학들(sciences of reading)'로 패러다임의 전환이 필요하다는 것이다. 이러한 정의적, 행동적 요인은 독립적으로뿐 아니라 인지적 요인(독해력)과의 상호작용을 통해서도 평생 독자로의 성장에 영향을 미친다.

기초 문해력을 충족하는 필자로 성장한다는 것은 이처럼 인지적 요인뿐 아니라 정의적, 행동적 요인을 촉진하는 것을 포함한다. 애플러백의 '독자 가르치기' 논의는 이러한 중요성을 일깨워 준다. 이러한 문제의식은 평생 독자를 기르기 위해 동기, 참여, 자기 효능감 등의 중요성을 강조한 일련의 논의들과 맥락을 같이한다(Kennedy, 2013; Sullivan, 2011). 이러한 요인들이 서로를 어떻게 지원하는지, 교실에서의 학습 경험과 글쓰기 경험이 이러한 요인들에 어떻게 영향을 미치는지, 글쓰기 과정, 기능, 전략 등의 인지적 요인과 이러한 요인들의 상호작용 관계가 어떠한지 등에 대해 후속적으로 더 탐구해 볼 수 있다.

일상어 리터러시를 통한 기초 문해력 신장

기초 문해력을 향상시키기 위해 글쓰기 교육에서 특히 중요한 지침 가운데 한 가지는, 문자언어 운용의 형식성을 완화하는 것이다. 문자언어 운용의 형식성이란 맞춤법, 문체 등과 같은 문자언어 텍스트의 형식적 제약을 준수하며 글쓰기를 수행하는 것을 의미한다(Elbow, 2012). 이러한 능력은 학교 교육을 통해 주로 개발되며, 이러한 능력을 갖추었을 때 비로소 '교양 있다(literate)'고 평가된다. 그러나 이러한 형식성은 미숙한 필자(아동, 제2언어/다문화 학습자 포함)가 글쓰기를 시작하거나 아이디어를 발전시키는 데 어려움을 주기도 한다. 미숙한 필자는 자신이 글을 제대로 쓰고 있는지 또는 정확하게 쓰고 있는지를 의식하느라 정작 표현해야 할 의미나 생각을 발전시키는 데 어려움을 겪을 수 있다. 이로 인해 미숙한 필자는 글쓰기에 실패하고, 효능감이 낮아지며, 글쓰기에 참여하는 것을 주저하거나 회피하게 된다.

따라서 (학교에서 가르치는) 단 하나의 표준화된 문자언어 운용 방식을 강조하는 '지배적 리터러시(dominant literacy)' 관점에서 벗어나 다양한 리터러시 실천을 인정하는 '일상어 리터러시(주변적 리터러시, vernacular literacy)'로 글쓰기 교육의 시야를 넓히는 것이 필요하다. 학생들이 글쓰기를 어려워하고 회피하는 이유 중 하나로, 리터러시의 다양한 형성 과정과 촉진 방안을 무시한 채 학교 교육에서 상정하는 단 하나의 표준화된 방식으로만 글쓰기를 수행하도록 요구해 온 것을 꼽을 수 있다. 리터러시에 대한 생태학적 접근에서는, 학습자가 보유하고 있는 다양한 커뮤니케이션 방식들을 인정하고, 학교 안과 학교 밖의 리터러시 실천을 연결하며, 맥락에 능동적으로 반응하는 필자의 주도성(agency)을 길러 줌으로써 이러한 어려움을 극복할 수 있다고 제안한다 (Barton, 2007).

일상어 리터러시는 일상에서 개인에 의해 자발적(voluntary)이고 자기 생성적(self-generated)으로 소통되는 리터러시(들)를 의미한다(Street, 1993). 이는 사회 제도를 통해 공식적으로 형성되고 표준으로 가정되는 '지배적 리터러시'에 대비되는 개념이다. 학교 안과 밖의 불평등한 권력 관계로 인해 제도 교육의 장에서 이러한 리터러시의 가치가 종종 간과되지만, 일상어 리터러시는 새로운 리터러시 경험을 창출하는 창의성과 참신성의 원천이 될 수 있다는 점에서 교육적으로 중요하다. 문자언어 운용에 대한 심리적 장벽을 낮춤으로써 필자는 글쓰기에 대한 효능감을 높이고, 의지와 노력을 통해 성공할 수 있다는 믿음, 즉 성장 마인드셋을 키울 수 있다.

엘보(Elbow, 2012)는 학교에서 통용되는 지배적 리터러시의 (정확한 철자법과 문법을 준수하는) 엄격성에서 벗어나 텍스트를 생산할 수 있는 사고력과 아이디어 생성 능력에 주목함으로써 일상어 리터러시를 촉진할 수 있음을 주장했다. 그는 내용을 생성할 때의 "말하듯이 쓰기(speaking onto the page)"나 초고를 수정할 때의 "소리 내어 읽기(reading aloud)"와 같이 음성언어의 힘을 적극적으로 활용할 것을 제안했다. 음성언어를 문자언어로 바꿔 주는 STT(speech-to-text)와 문자언어를 음성언어로 바꿔 주는 TTS(text-to-speech) 기술의 발전으로, 이러한 전략들을 일상에서 더 쉽게 활용할 수 있게 되었다.

참고문헌

장성민(2023). 포스트 챗GPT 시대에 평생 필자 기르기. ≪리터러시연구≫, 14(5), 295~322.

Afflerbach, P.(2022). *Teaching readers (not reading): Moving beyond skills and strategies to reader-focused instruction.* Guilford Publications.

Barton, D.(2007). *Literacy: An introduction to the ecology of written language*(Second ed.). Blackwell.

Elbow, P.(2012). *Vernacular eloquence: What speech can bring to writing.* Oxford University Press.

Kennedy, E.(2013). Creating positive literacy learning environments in early childhood: Engaging classrooms, creating lifelong readers, writers and thinkers. In J. Larson & J. Marsh(Eds.), *Handbook of early childhood literacy*(pp.541~560), Sage.

Street, B. V.(Ed.)(1993). *Cross-cultural approaches to literacy.* Cambridge University Press.

Sullivan, P.(2011). "A lifelong aversion to writing": What if writing courses emphasized motivation?. *Teaching English in the Two Year College, 39*(2), 118~140.

Rose, M.(1984). *Writer's block: The cognitive dimension.* Southern Illinois University Press.

08
AI 시대의 글쓰기 윤리

이 장에서는 AI 시대의 글쓰기 윤리를 둘러싼 도전과 그 해결 방안을 살펴본다. AI 시대에는 인간이 작성한 글과 기계가 생성한 글 사이의 경계가 모호해지면서, 저작권과 글쓰기 윤리에 관한 도전과 논쟁이 발생한다. 이에 따라 AI 시대에는 필자의 주도적 실천과 윤리적 고민이 더욱 중요해지고 있다.

AI와 한의학?

글쓰기 윤리를 둘러싼 새로운 도전

AI 시대에는 저작권과 글쓰기 윤리에 대한 공동체 전반의 인식 수준과 그 기준이 더욱 엄격해질 것으로 예상된다. 인공지능이 보편화됨에 따라 독창성(originality)을 포함한 글과 기계를 활용해 생성한 글 사이에 경계가 모호해지고, 이로 인해 저작권과 글쓰기 윤리에 대한 새로운 도전과 논쟁이 발생할 수 있다.

예상 가능한 한 가지 장면은, 인공지능을 사용해 생성된 콘텐츠와 대비되는 인간의 고유한 지적 재산권을 보호하는 목소리가 더욱 높아질 것이라는 점이다. 그와 반대로, 인공지능이 자동 생성한 텍스트들이 일상화됨에 따라 원래 글(original text)의 위상과 가치 자체가 평가절하될 가능성도 있다. 어느 쪽으로 변화하든, 교육, 평가 등 글쓰기와 관련된 다양한 상황에서 이러한 문제를 둘러싼 법적, 윤리적 논쟁이 생길 우려가 존재한다.

글쓰기 윤리는 "글쓰기를 수행하는 과정에서 필자가 지켜야 하는 기본적인 도리 또는 행위의 규범"(권순희 외, 2023: 371)이다. 전통적인 글쓰기 환경에서는 타인을 존중하고 배려하며, 사실을 과장하거나 왜곡하지 않고, 타인의 저작물을 표절하지 않는 것에 초점이 맞추어졌다. 반면 AI 시대에는 인공지능을 활용하지 말아야 하거나 인간의 주도적 역할이 요구되는 부분에서 인공지능에 전적으로 의존하는 경우도 비윤리적인 글쓰기 행동으로 간주될 수 있다.

AI 시대의 도래는 특히 자료 통합적 글쓰기를 포함한 다문서 문식 활동에 많은 도전과 논쟁을 가져온다. 자료 통합적 글쓰기는 일반적으로 '계획하기, 자료 탐색 및 읽기, 종합 텍스트 쓰기, 검토하기' 등의 절차를 거쳐 수행된다(Britt & Rouet, 2012; Chang, 2023; List & Alexander, 2019). 이 중 자료 탐색 및 읽기, 종합 텍스트(초고) 쓰기 등이 인공지능에 의해 자동화될 수 있다는 점은 다문서 문식 활동의 교수·학습과 평가에 중대한 도전이 된다. 다문서 읽기를 실제로 수행하지 않고도 결과물이 산출될 수 있다는 점은 교육적으로 부적절한 부정행위이자 문제 상황이다.

그렇다고 해서 글쓰기 담론에서 이러한 부정행위의 가능성을 배제하고, 자칫 온당하지 않은 결과가 발생할 수 있는 상황에 대해 논의하지 않는 것은 더 큰 문제를 초래할 수 있다. 인공지능은 글쓰기를 배우거나 평가의 대상이 되는 학습자들이 주어진 과제를 교수자나 평가자의 의도에 맞지 않게 쉽게 해결할 수 있는 유혹적인 수단이기 때문이다. 또한 지금까지는 '읽기 기반 쓰기(쓰기를 위한 읽기)'의 목적을 달성하기 위해 필자가 큰 부담을 져야 했지만, AI 시대의 도래로 그 부담과 제약이 현저히 줄어든 것도 사실이다.

중요한 것은, 이러한 활동에 참여하는 필자의 위치를 어떻게 자리매김하고, 교육적 맥락에서 글쓰기 능력을 길러 주기 위해 AI 시대의 학습자에게 어떤 역할을 요구할지 고민하는 것이다. 인공지능을 교육적 취지에 맞지 않게 활용하면 문제가 될 수 있지만, 이를 잘 활용하면 이전에 높은 인지적, 심리적 부담으로 글쓰기에 참여하지 않으려 하던 학습자에게 유용한 비계(scaffolding)가 될 수 있다. AI 시대의 변화를 고려해, 학습자가 부정행위에 빠지지 않고 높은 주도성(agency)을 지니며 글쓰기에 적극적으로 참여할 수 있도록 돕는 것이 우리의 과제다.

인공지능이 생성한 글의 정체

인공지능이 생성한 글의 정체는 무엇인가? 인공지능이 생성한 글은 이를 설계하고 관리한 사용자의 글이라 할 수 있는가? 그렇다면 그 사용자를 글의 '필자'라고 할 수 있을까? 이러한 문제의식을 해결하기 위해, 인공지능을 활용한 '쓰기를 위한 읽기'(특히 다문서 읽기 기반 쓰기,

즉 자료 통합적 글쓰기) 상황에서 '인공지능이 인간의 읽기와 쓰기를 대체하는가?'라는 질문에 대한 답을 모색해 보자.

일반적으로 상정되는 글쓰기의 최종 결과물(글)만을 놓고 보면, 인공지능은 인간의 읽기, 쓰기 능력을 대체할 수 있다고 여겨질 수 있다. 인공지능은 문서 내에서 중요한 정보와 그렇지 않은 정보를 구별해 내용을 요약할 수도 있고, 서로 다른 문서를 비교, 대조하거나 비판적, 분석적으로 평가하는 것도 가능하다.

그러나 인공지능을 활용해 인간과 유사한 결과물을 산출했다고 해서, 텍스트 자동 생성을 설계하고 관리한 사용자의 글쓰기 능력이 우수하다고 볼 수는 없다. 비록 결과적으로 글이 만들어졌지만, 이는 사용자가 '필자'로서 의식적 사고를 통해 의미를 구성한 산물이 아니기 때문이다. 인공지능에 의존해 텍스트를 자동 생성한 것은 '다문서 읽기 기반 쓰기'의 관점에서 보더라도, 기계가 생성한 글을 인간이 단일문서 읽기에 가까운 제한된 방식으로 수용한 것에 불과하며, 다문서 문식 활동에 상응하는 인지 처리 과정을 거친 것으로 보기 어렵다.

이처럼 기계가 기존의 인간 행위를 수행해 주는 면이 있고 그 결과물이 유사한 속성을 지니고 있다고 하더라도, 인공지능이 인간의 읽기, 쓰기를 대체한다고 가정하기는 쉽지 않다. 인공지능에 의한 텍스트 자동 생성의 과정과 결과가 인간의 읽기, 쓰기로 인정받기 위해서는 초고 생성 이전의 계획 단계(프롬프트 구성)에 더해서, 기계가 생성한 일차적 결과물(초고 또는 매개 문서)에 대한 충분한 의식적 사고와 행동이 필요하다. 기계가 자동 생성한 텍스트 결과물로부터 다문서 문식 활동을 수행하기 위한 사고의 틀을 잠정적으로 형성할 수는 있지만, 그것이 인간의 과정과 결과로 인정받기 위해서는 정보의 출처를 확인하고 다른 문서와 교차 검토를 하거나, 목적에 부합하는 제3의 문서를 찾아 새롭게 통합하는 등의 주도적 과정이 더 이루어져야 한다.

글에 대한 주인의식과 책임감 갖기

그렇다면 AI 시대에 필자가 인공지능의 기술적 이점을 활용하면서도 글을 윤리적으로 쓰도록 하기 위해서는 어떻게 해야 할까?

AI 시대에 글쓰기 윤리 문제가 발생하는 이유 중 하나는, 필자가 글쓰기에 대한 책임감과 주인의식이 부족하기 때문이다. 글쓰기 과정 가운데 일부가 자동화되고 사고(아이디어)를 표현(텍스트)로 옮기는 과정이 쉬워졌지만, 필자로서의 주인의식과 글쓰기에 대한 동기, 효능감, 책임감 등이 부족해 글쓰기를 본래의 취지에서 벗어나 쉽게 해결하려는 경향이 있는 것이다. 따라서 필자가 자신의 글에 대한 주인의식을 확립하고, 자신의 글이 독자나 사회에 미치는 영향을 고려해 책임감 있게 글을 쓰도록 지도하는 것이 중요하다(장성민, 2023).

특히 내적 동기가 아닌 물질적 보상, 성적 획득, 처벌 회피 등의 외적 동기로부터 글을 쓰는 경우, 학생들은 인공지능에 의존해 글쓰기를 본래의 취지에서 벗어난 방식으로 쉽게 해결할 수 있다. 유목적성, 책임감, 성찰 등을 포함하는 학습자 주도성(student agency) 개념의 구현이 도덕적, 창의적, 경제적, 정치적 차원을 두루 포함한다는 점(Leadbeater, 2017)은 AI 시대의 글쓰기에도 큰 의미를 갖는다. 이처럼 AI 시대에는 필자가 자신의 글쓰기를 주도적으로 이끌어 가는 능력이 더욱 중요해지며, 이는 바람직한 글쓰기 문화와 커뮤니케이션 관습을 형성하는 바탕이 된다.

참고문헌

권순희 · 김경주 · 송지언 · 이영호 · 이윤빈 · 이정찬 · 주재우 · 변경가(2023). 『작문교육론(개정판)』. 사회평론.

장성민(2023). 포스트 챗GPT 시대에 평생 필자 기르기. ≪리터러시연구≫, 14(5), 295～322.

Britt, M. A. & Rouet, J. F.(2012). Learning with multiple documents: Component skills and their acquisition. In J. R. Kirby & M. J. Lawson(Eds.), *Enhancing the quality of learning: Dispositions, instruction, and learning processes*(pp.276～314). Cambridge University Press.

Chang, S.(2023). Structural relations between processing variables and text quality while reading and writing from multiple documents. *Korean Language Education Research, 58*(5), 5～43.

Leadbeater, C.(2017). *Student agency: Learning to make a difference.* Centre for Strategic Education.

List, A. & Alexander, P. A.(2019). Toward an integrated framework of multiple text use. *Educational Psychologist, 54*(1), 20～39.

09
AI 시대의 글쓰기 평가와 피드백

이 장에서는 인공지능이 독자의 관점에서 글을 읽고 평가할 수 있는지 살펴본다. 인공지능은 자연어 처리 기술을 기반으로 예상 독자의 객관적 반응을 제시하며, 대화형 기술로서 에세이 작성에 특화되어 있어 언어로 설명하기 어려운 부분에 대해서도 구체적으로 설명할 수 있다. AI 시대에는 인간이 수행하던 역할을 기계와 효율적으로 나누는 능력도 중요하다.

AI와 화장품?

인공지능, 비평가가 되다

인공지능은 주어진 글에 대해 독자의 입장에서 메타적으로 읽고 분석 결과를 제공할 수 있을까? 만일 이러한 행위가 가능하다면, 인공지능은 일종의 비평가 역할을 수행할 수 있을 것이다. 이러한 역할은 자연어 처리 기술을 바탕으로 하는 예상 독자의 객관적 반응을 외현화한다는 점에서, 글쓰기 자동 채점, 피드백과 관련해서 의미 있는 기여로 이어질 수 있을 것이다.

이를 위해 글과 함께 평가 루브릭(rubric)을 제시하고, 인공지능이 평가 준거(항목)나 기준(기술문)에 따라 주어진 글을 정성적, 정량적으로 평가할 수 있는지 살펴보았다. 다음은 '챗지피티'에 각각의 프롬프트를 입력한 결과다(장성민, 2023: 143~145).

[정성 평가]

<프롬프트>

다음 글에 대하여 '주장의 적절성(=주장이 논제에 부합하는가?)과 명료성(=주장이 글 전체에 일관되고 뚜렷한가?)', '이유와 근거의 적절성(=주장을 뒷받침하는 이유나 근거가 적절한가?)과 충분성(=주장을 뒷받침하는 적절한 이유나 근거가 충분하며, 이유나 근거의 아이디어를 깊이 있게 접

근하는가?)', '접근의 다양성(=다른 입장에 대한 접근이 이루어졌는가?)과 고려 수준(=다른 입장에 해당하는 아이디어를 깊이 있게 전개하는가?)'의 차원에서 평가해 주세요.

< 인공지능 답변 >

주장의 적절성과 명료성: 주장은 로봇세 도입이 필요하다는 내용으로 명료하게 표현되어 있습니다. 글의 전체적인 논조와 일관되며, 로봇과 인공지능 기술의 발전으로 인한 사회적 문제에 대한 대응으로 로봇세 도입을 주장하고 있습니다.

이유와 근거의 적절성과 충분성: (중략)

접근의 다양성과 고려 수준: (중략)

총평: 주장의 적절성과 명료성, 이유와 근거의 적절성과 충분성이 잘 표현되어 있으며, 로봇세 도입의 필요성을 강조하고 있습니다. 그러나 접근의 다양성과 고려 수준이 부족하게 나타나 있어 전체적인 균형이 조금 떨어진다고 평가됩니다. 추가적인 다양한 관점과 입장을 고려하여 논의를 깊이 있게 전개하는 것이 더 강화되어야 할 부분입니다.

[정량 평가]

< 프롬프트 >

'주장의 적절성(=주장이 논제에 부합하는가)과 명료성(=

주장이 글 전체에 일관되고 뚜렷한가)'의 차원에서 글을 평가하고자 한다. 5점은 "주장이 논제에 부합하며, 글 전체에 걸쳐 매우 일관되고 뚜렷함.", 4점은 "주장이 논제에 부합하며, 글 전체에 걸쳐 대체로 일관되고 뚜렷함.", 3점은 "주장이 논제에 대체로 부합하나, 일관성이 다소 부족하거나 뚜렷하지 않음.", 2점은 "주장이 논제에서 다소 어긋남. 또는 주장이 논제와 관련은 있지만 일관성이나 명료성이 매우 부족함.", 1점은 "주장이 논제에 부합하지 않음. 또는 주장이 논제와 관련되지 않는 것은 아니나 일관성과 명료성이 매우 부족함."이다. 이러한 기준을 적용하였을 경우 다음 글은 몇 점에 해당하며, 그렇게 판단한 이유는 무엇인가?

< 인공지능 답변 >

저는 이 글을 4점에 해당하는 "주장이 논제에 부합하며, 글 전체에 걸쳐 대체로 일관되고 뚜렷함"으로 평가합니다. 이유는 다음과 같습니다.

첫째, 주장이 논제에 부합하며, 글 전체에 걸쳐 일관성이 있습니다. 글의 주장은 로봇세 도입의 필요성을 강조하고 있으며, 로봇세 도입이 로봇 기술의 발전과 사회의 발전 및 안정성에 긍정적인 영향을 미친다는 주장이 일관되게 전달되고 있습니다.

둘째, (중략)

셋째, (중략)

마지막으로, (중략)

따라서, 이 글은 주장이 논제에 부합하며, 글 전체에 걸쳐 대체로 일관되고 뚜렷하게 표현되었기 때문에 4점에 해당하는 평가를 줄 수 있습니다.

위 사례에서는 인공지능이 주어진 평가 준거나 기준에 따라 글쓰기 자동 채점, 피드백을 수행한 결과를 보여준다. 인공지능은 글의 장단점을 파악하고, 더 나은 글로 발전하기 위한 정보를 제공하고 있다. 인공지능은 독자의 입장에서 글에 대한 반응을 가시적으로 보여 주어, 필자가 자신의 글을 비판적으로 돌아보고 개선이 필요한 부분을 미리 파악해 보완하도록 도와줄 수 있다. 이는 협력학습과 같은 사회구성주의적 활동의 장점을 쉽게 구현할 수 있는 사례라 할 수 있다.

설명 가능한 인공지능

생성 인공지능의 장점 가운데 한 가지는, 언어로 설명하기 어려운 부분에 대해서도 구체적으로 설명할 수 있다는 점이다. 이는 생성 인공지능이 대화형 기술이며, 에세이 작성에 특화되어 있기 때문이다. 예를 들어, 앞선 정량 평가 사례에서 이 글이 '5점'이 아닌 '4점'으로 평가된 이유에 대해 인간 채점자에게 묻는다면, 그 이유를 명확하게 설명하기가 현실적으로 어려울 수 있다. 심지어 프롬프트로 주어진 평가 기준에서도 5점은 "매우 일관되고 뚜렷함"으로, 4점은 "대체로 일관되고 뚜렷함"으로 기술되어 있어 그 경계가 모호하다.

하지만 생성 인공지능에게 그러한 판단의 근거를 물으면, 생성 인공지능은 대화형 기술이자 에세이 작성에 특화되어 있다는 장점을 발휘해 이를 구체적으로 설명할 수 있다(장성민, 2023: 145~146).

<프롬프트>

'주장의 적절성(=주장이 논제에 부합하는가)과 명료성(=주장이 글 전체에 일관되고 뚜렷한가)'의 차원에서 글을 평가하고자 한다. 5점은 "주장이 논제에 부합하며, 글 전체에 걸쳐 매우 일관되고 뚜렷함.", 4점은 "주장이 논제에 부합하며, 글 전체에 걸쳐 대체로 일관되고 뚜렷함.", 3점은 "주장이 논제에 대체로 부합하나, 일관성이 다소 부족하거나 뚜렷하지 않음.", 2점은 "주장이 논제에서 다소 어긋남. 또는 주장이 논제와 관련은 있지만 일관성이나 명료성이 매우 부

족함.", 1점은 "주장이 논제에 부합하지 않음. 또는 주장이 논제와 관련되지 않는 것은 아니나 일관성과 명료성이 매우 부족함."이다. 이러한 기준을 적용하였을 경우 다음 글이 4점을 받았다면, 5점이 아닌 4점을 받은 이유가 무엇일까?

< 인공지능 답변 >

이 글이 4점을 받은 이유는 주장이 논제에 부합하며, 글 전체에 걸쳐 대체로 일관되고 뚜렷하지만, 일부 일관성이 다소 부족하다고 볼 수 있기 때문입니다. 글의 주장은 로봇세 도입이 우리 사회의 발전과 안정성을 위해 필요한 조치임을 주장하고 있습니다. 또한 로봇세 도입의 장점인 새로운 수익원 창출, 인간노동자의 권리 보호, 소득 격차 완화, 국가의 경제 발전을 설득적으로 주장하고 있습니다. 이러한 주장은 논제와 관련되어 있으며, 글 전체에 일관되고 뚜렷하게 표현되어 있습니다.

하지만 일부 부분에서는 주장의 일관성이 다소 부족하다고 볼 수 있습니다. 예를 들어, 글의 첫 부분에서는 로봇세 도입이 인공지능과 로봇 기술의 발전으로 인해 발생하는 문제를 해결하기 위해 찬성한다는 주장이 나오지만, 그 이후에는 로봇세 도입이 기술 발전으로 인한 소득 격차 완화나 국가의 경제 발전에 도움이 된다는 이유로 주장되고 있습니다.

이러한 부분에서는 주장의 일관성이 다소 떨어질 수 있습니다.

따라서, 이 글은 대체로 주장이 논제에 부합하며, 글 전체에 걸쳐 일관성을 유지하고 뚜렷하게 주장하고 있지만, 일부 부분에서는 주장의 일관성이 다소 부족하다고 볼 수 있어 5점이 아닌 4점을 받은 것으로 평가될 수 있습니다.

설명 가능한 인공지능을 구축하는 것은 글쓰기 자동 채점 시스템 관련 논의에서 중요한 과제 중 하나다. 기계 채점은 인간의 사고 과정을 모방하는 것이 아니라, 인간 채점의 결과를 모방하는 '엔드투엔드(end-to-end)' 방식을 따르기 때문이다. 글쓰기 자동 채점 시스템으로부터 부여 받은 점수에 대해 그 과정을 충분히 설명하지 못하면 논란이 발생할 수 있다. 이러한 점에서, 위 사례는 기계의 판단 과정, 즉 주어진 평가 루브릭을 해석하고 점수를 부여한 과정에 대한 정보를 제시하기 때문에, 설명 가능한 인공지능의 구축에 기여할 수 있다.

생성 인공지능의 또 다른 큰 장점은 그 대중성에 있다. 지난 몇 년 전부터 한국교육과정평가원, 국립국어원, 세종학당 등에서 한국어 글쓰기 자동 채점과 피드백에 대한 논의가 진행되고 있지만, 이러한 논의를 거쳐 구축될

기관 단위의 시스템을 대중이 일상적으로 사용하는 데에는 진입장벽이 있을 것이다. 반면 최근의 인공지능 서비스들은 대중이 쉽게 접근할 수 있으며, 학교 현장과 각종 평가(자기 평가 포함) 상황에서도 광범위하게 활용될 수 있다.

기계와의 역할 분담

AI 시대에는 인간이 수행하던 일부 역할을 기계와 효율적으로 나누는 능력도 중요하다. 공동 작가(co-authoring: 여러 필자가 하나의 글을 공동으로 작성하는 것)나 동료 지도(peer tutoring: 개인이 쓴 글에 대해 다른 사람으로부터 조언을 받는 것) 등의 협력적 작업 중 기계의 도움을 적극적으로 받음으로써, 사회적 활동의 효과를 상당 부분 대체할 수 있을 것이다.

글쓰기 자동 채점과 피드백에 대한 논의가 최근에야 시작된 것은 아니다. 이미 60년 가까이 된 PEG(Project Essay Grader)(Page, 1966)를 포함해 글쓰기 분야에서는 자동 채점 기술에 대한 논의가 오래 전부터 전개되어 왔으며, 최근에는 필자가 활용한 외부 자원(복합양식 자료 포함)과의 관계를 계량화하는 연구들도 등장하고 있다(Ishizaki & Kaufer, 2012; Ledin & Machin, 2020; Raković et al., 2021; Wetzel et al., 2021). 자연어 처리 기술을 통한 일련의 계량화된 결과는 인간 채점자가 부여한 점수의 상당 부분을 설명한다(Crossley et al., 2021).

기계와의 역할 분담은 글쓰기 교수·학습과 평가를 다양한 방식으로 지원한다. 인간 채점자의 부담을 줄이는 동시에, 학습자들 사이의 관계적 문제를 피하면서도 공동 작가, 동료 지도 등의 협력학습과 유사한 효과를 제공할 수 있다. 또한 필자가 글을 제출하기 전 객관적 반응을 미리 파악하고 고려할 수 있도록 해 글쓰기에 대한 성찰을 촉진할 수도 있다. 이러한 기계와의 역할 분담은 글쓰기 담론에 혁신적인 접근을 제시하며, 필자가 글쓰기에 효과적으로 참여하고 커뮤니케이션 주체로 성장할 수 있도록 돕는다.

참고문헌

장성민(2023). 생성 인공지능 기술은 인간의 쓰기 능력을 대신할 수 있는가?: 포스트 챗GPT 시대의 작문 평가 담론을 위한 예비적 논의. ≪국어교육≫, 181, 119~160.

Crossley, S., Wan, Q., Allen, L., & McNamara, D.(2021). Source inclusion in synthesis writing: An NLP approach to understanding argumentation, sourcing, and essay quality. *Reading and Writing, 36*, 1053~1083.

Ishizaki, S., & Kaufer, D. S.(2012). Computer-aided rhetorical analysis. In P. M. McCarthy & C. Boonth-Denecke(Eds.), *Applied natural language processing: Identification, investigation, and resolution*(pp. 276~296). IGI Global.

Ledin, P., & Machin, D.(2020). *Introduction to multimodal analysis*. Bloomsbury.

Page, E. B.(1966). The imminence of... grading essays by computer. *The Phi Delta Kappan, 47*(5), 238~243.

Raković, M., Winne, P. H., Marzouk, Z., & Chang, D.(2021). Automatic identification of knowledge-transforming content in argument essays developed from multiple sources. *Journal of Computer-Assisted Learning, 37*(4), 903~924.

Wetzel, D., Brown, D., Werner, N., Ishizaki, S., & Kaufer, D.(2021). Computer-assisted rhetorical analysis: Instructional design and formative assessment using Docuscope. *Journal of Writing Analytics, 5*(1), 292~323.

10
AI 시대의 글쓰기 교실 전망

이 장에서는 AI 시대의 글쓰기 교실이 충족해야 할 핵심 요소를 살펴본다. AI 시대에는 모든 필자가 글쓰기에 성공적으로 참여할 수 있는 '모두를 위한 글쓰기 교육'을 실현해야 한다. 이를 위해서는 '결핍'의 교육관에서 '자산'의 교육관으로의 전환이 필요하다. 인공지능이 가져다준 글쓰기의 대중성을 활용해 모든 필자의 성장과 발전에 기여하는 것이 앞으로의 과제다.

종교와 AI?

느린 학습자

느린 학습자(slow learner)는 "특수교육 대상자는 아니지만 일반교육 환경에서 실패하는 경우가 많은"(김은성, 2019: 73) 학습자를 지칭하는 은유적 표현이다. 좁은 의미로는 '경계선 지적 기능(borderline intellectual functioning, BIF) 아동' 또는 '경계선급 지능 아동'을 가리키지만, 넓은 의미로는 "특정 학습 조건을 동일하게 일치시킬 때 함께 학습한 다른 학습자보다 힘든 학습 과정과 낮은 학습 결과를 보이는 학습자"(김은성, 2019: 72)를 모두 포함한다.

어떤 학습자가 느린 학습자인가에 대한 판단은 일반적인 지능뿐 아니라 구체적인 학문 분야나 맥락에 따라서도 달라질 수 있다. 예를 들어, 고급 언어 수준이 요구되는 상황에서의 다문화 가정 학습자, 글을 써야 하는 환경에서 글을 쓰지 못하거나 동기가 부족한 '빈 종이 증후군/깜빡이는 커서 증후군'의 필자, 그리고 평생교육 차원에서의 노인 학습자도 느린 학습자가 될 수 있다. 읽기 부진 학습자를 "정상적 읽기 활동을 수행할 수 있는 잠재성을 내재하였으나, 해당 학년 또는 연령 수준에 기대되는 읽기 성취에 도달하지 못하는 읽기 저성취를 보이는 학습자"(최숙기, 2017: 44)로 정의하는 방식은, 글쓰기에서의 느린 학습자를 규정할 때도 유사하게 적용될 수 있다.

세대 간 특성이 뚜렷하게 구분되는 시점에서 새롭게 등장한 세대는, 기성세대의 관점에서 느린 학습자로 비추어질 수 있다. 가령 1995년 이후 태어난 'Z세대'는 기성세대의 시각으로 보아 '디지털 원주민(digital native)'으로서 주의 집중 시간이 짧고 실제 세계와의 연결이 부족한 것처럼 보일 수 있다. 반대로 디지털 기술이 부족하거나 플랫폼 또는 인터페이스를 이해하고 조작하는 능력이 부족한 학습자의 경우에는, Z세대 학습자 내에서 또다시 느린 학습자로 간주될 수 있다.

느린 학습자는 포용 교육의 중요한 대상이다. 이들에게는 개별화된 학습 계획, 시간적 유연성, 시각적 지원, 협력적 활동 등 다양한 맞춤형 지원이 필요하다. 최근 논의되는 AI 디지털교과서는 학습자의 개별 능력과 수준에 맞는 학습을 지원하려는 구체적인 시도의 한 예다. 이러한 맞춤형 지원을 통해 느린 학습자도 다른 학습자들과 마찬가지로 성공적인 학습 경험을 하고, 자신의 잠재력을 발휘할 수 있도록 도울 수 있어야 할 것이다.

모두를 위한 글쓰기 교육

인공지능을 활용한 글쓰기는 느린 학습자를 포함해 모든 사람에게 성공적인 글쓰기 경험을 제공함으로써 '모두를 위한 글쓰기 교육'을 실현할 수 있다. '모두를 위한 교육(Education for All, EFA)'은 1990년 태국 좀티엔에서 열린 UNESCO 세계교육포럼에서 제안된 개념으로, "모든 사람의 학습에 대한 기본적인 필요를 충족할 수 있도록 교육의 기회를 제공하는 것"을 목표로 한다(UNESCO, 1990). 이 개념은 교육이 보편적 인권이라는 입장에서, 모든 사람이 성별, 나이, 지역 등에 상관없이 양질의 교육을 공평하게 받아야 한다는 점을 강조한다. 1990년 태국 좀티엔, 2000년 세네갈 다카르에 이어 2015년 인천에서 열린 세 번째 포럼에서는 포용적 교육, 공평한 교육, 양질의 교육, 평생 학습 등을 주요 키워드로 삼았다(UNICEF, 2016).

리터러시 공동체의 시각에서 '모두를 위한 교육'은 다양한 배경과 입장을 포용하여 모든 사람에게 읽고 쓰는 능력을 길러주는 것을 의미한다. 여기서 읽고 쓰는 능력은 단순히 글자를 읽고 쓰는 것을 넘어서, 정보를 이해하고 분석하며 고차원적인 사고력과 문제 해결 능력을 지니는 것을 포함한다. 주로 학교에서 가르치는 공식적이고 표준화된 언어 사용과 관련된 지배적 리터러시뿐 아니라, 일상에서의 개인적 경험과 문화적 배경에 기반한 일상어 리터러시도 이 과정에서 함께 고려되어야 한다.

'모두를 위한 교육' 담론에서는 단일한 리터러시(literacy)가 아니라 복수의 리터러시들(literacies)를 가정한다. 서로 다른 문화권의 리터러시 교육학자 10명이 모여 결성한 뉴런던그룹(The New London Group, 1996)에서는 이러한 가치를 뒷받침하기 위해 '멀티리터러시(multiliteracies)'라는 용어를 사용하였다.

표 10-1 Literacy(단수)와 Literacies(복수)의 비교

Literacy	Literacies
• 텍스트의 해독과 독해 • 주어진 한 편의 텍스트 읽기 • 가치 중립적 텍스트 • 기능적, 수용적 정보 사용자 • 제도화된 정체성(단일 정체성) • 문자 언어 중심의 소통 • 읽기(쓰기)에서 그치는 읽기(쓰기) • 읽기와 쓰기의 분리 • 일반적이고 표준화된 읽기와 쓰기	• 텍스트 이해와 활용 • 텍스트의 탐색과 선택 • 사회적 구성체로서의 텍스트 • 능동적, 비판적 의미 구성 주체 • 다원화된 정체성(복합 정체성) • 다양한 채널(코드, 모드, 미디어) • 앎, 배움, 성장을 위한 읽기와 쓰기 • 읽기와 쓰기의 연결과 통합 • 상황 구체적 실제로서의 읽기와 쓰기

출처: 조병영(2022), "디지털 시대의 리터러시와 학습자 취약성", ≪제54회 국어교육학회(since1969) 전국학술발표대회 자료집≫, 200쪽.

결핍의 교육관에서 자산의 교육관으로

'모두를 위한 교육'을 구현하기 위한 AI 시대의 글쓰기 교실에서는 '결핍(deficit)'의 교육관에서 '자산(asset)'의 교육관으로의 변화가 필요하다. 결핍의 교육관은 "학습자(특히 사회적 소수자나 약자 계층)를 애초에 '부족한' 존재로 가정하여, 학교 교육이 그들에게 없는 것을 얻게 해 주고, 그들이 할 수 없는 것을 할 수 있게 해 줄 수 있다는 시각"(조병영, 2020: 62)이다. 결핍의 교육관에서는 불평등(inequity)을 초래하는 조건들을 해소하려 하기보다 학습자의 현 상태에 내재된 문제점을 찾아 그 부족함을 교정하는 것에 주목한다.

반면 자산의 교육관은 "개별 학생들이 다양한 개인적 · 공동체적 삶의 체험을 통해 쌓은 지식, 능력, 소양, 신념, 정체성, 관점, 정서, 통찰 등을 새로운 학습을 위한 문화적 모형 또는 자원으로 사용하려는 시각"(조병영, 2020: 63 재구성)을 의미한다. 자산의 교육관에서는 학습자가 기존에 보유한 자원과 강점을 인식하고 활용하며, 교육적 맥락에서 학습자가 각자의 잠재력을 최대한 발휘하도록 지원한다. 최근의 리터러시 담론에서 아동이 교육을 받기 전에 이미 가지고 있는 '발생적 문해력(emergent literacy)'과 개인마다 상이하게 존재하는 문자언어/음성언어 운용의 친숙도를 후속적인 의사소통 기능의 학습에 활용하는 '리토러시(lit/oracy)' 등의 개념이 주목받는 것은 이러한 자산의 교육관이 반영된 결과다(장성민 외, 2024).

AI 시대에는 전통적인 글쓰기 환경과 비교해 필자가 덜 좌절하고 회피하도록 도울 수 있다. 이전에는 '계획하기~고쳐쓰기'의 과정 중 어느 한 단계라도 제대로 이루어지지 않으면 글쓰기가 실패로 이어졌지만, 글쓰기에 인공지능을 활용하게 되면서 더 적은 노력으로 글을 작성할 수 있고, 부족한 부분을 대화형 기술을 통해 지속적으로 보완할 수 있게 되었다.

AI 시대에서 가장 중요한 것은 글쓰기와 필자에 대한 유연한 관점을 취하는 것이다. 지배적 리터러시에 의존하는 '결핍'의 교육관에 맞서는 것이다. 이는 능숙한 필자나 성인의 기준을 따르는 것이 아니라, 학습자의 있는 그대로의 모습을 인정하고 존중하며 이를 후속적인 성장과 발전으로 이어지도록 지원하는 것을 의미한다. AI 시대의 글쓰기 교실은 소수 공동체, 비표준 언어/변이어 사용자, 미숙한 필자 등 다양한 커뮤니케이션 주체의 언어 사용을 포용하고 받아들이는 것이 핵심적인 요소다. 인공지능이 가져다준 글쓰기의 대중성을 활용해 모든 필자의 성장과 발전에 기여하며, 개개인에게 도움이 되는 양질의 경험을 포용적이고 공평하게 제공하는 것이 우리가 앞으로 이루어야 할 과제다.

참고문헌

김은성(2019). 청소년 '느린 학습자'의 독서 지원을 위한 텍스트 수정 사례 연구. ≪독서연구≫, 50, 71~110.

장성민 · 김예원 · 박성석 · 정민주 · 최영인 · 백정이 · 김동섭 · 음소현 · 민병곤(2024). 자산적 교육관 기반의 리토러시 교수 · 학습 프로토타입 탐색. ≪국어교육학연구≫, 59(2), 175~204.

조병영(2020). 뉴리터러시와 전환적 의미 디자인: 융복합 문식 환경 속 국어교육의 실천 방향 탐색. ≪국어교육≫, 171, 31~70.

조병영(2022). 디지털 시대의 리터러시와 학습자 취약성. ≪제54회 국어교육학회(since1969) 전국학술발표대회 자료집≫, 189~209.

최숙기(2017). 청소년 읽기 부진 학생들의 읽기 특성 분석 및 읽기 부진의 유형 분류. ≪독서연구≫, 44, 37~67.

The New London Group(1996). A pedagogy of multiliteracies: Designing social futures. *Harvard Educational Review, 66*(1), 60~93.

UNESCO(1990). *World declaration on education for all: Meeting basic learning needs.*

UNICEF(2016). *Education 2030: Incheon declaration and framework for action: Towards inclusive and equitable quality education and lifelong learning for all.*

장성민

인하대학교 국어교육과 교수다. 서울대학교 국어교육과에서 학부와 대학원을 졸업했다. 서울문영여자고등학교 교사, 한국교육과정평가원 부연구위원 등을 거쳤다. 주요 논저로 "챗GPT가 바꾸어 놓은 작문교육의 미래"(2023), "Structural relations between processing variables and text quality while reading and writing from multiple documents"(2023), "Validation of intercultural sensitivity and respect for diversity scale(RDS) in a Korean sample"(2023) 등이 있다.